KB119120

당신
참예썼다

당신 참 애썼다

초 판 1쇄 2022년 06월 16일

지은이 유영식
펴낸이 류종렬

펴낸곳 미다스북스
총괄실장 명상완
책임편집 이다경
책임진행 김가영, 신은서, 임종익, 박유진

등록 2001년 3월 21일 제2001-000040호
주소 서울시 마포구 양화로 133 서교타워 711호
전화 02) 322-7802~3
팩스 02) 6007-1845
블로그 http://blog.naver.com/midasbooks
전자주소 midasbooks@hanmail.net
페이스북 https://www.facebook.com/midasbooks425

© 유영식, 미다스북스 2022, *Printed in Korea*.

ISBN 979-11-6910-031-1 03190

값 15,000원

※ 파본은 본사나 구입하신 서점에서 교환해드립니다.
※ 이 책에 실린 모든 콘텐츠는 미다스북스가 저작권자와의 계약에 따라 발행한 것이므로 인용하시거나 참고하실
  경우 반드시 본사의 허락을 받으셔야 합니다.

미다스북스는 다음세대에게 필요한 지혜와 교양을 생각합니다.

당신 참@애썼다

유영식 지음

미다스북스

〜〜〜

'당신 참 애썼다. 토닥토닥'

 책을 읽고 나서 시간이 좀 지나면 그 책에 대한 대략적인 느낌만 있을 뿐 세부적인 내용은 기억이 가물가물해진다. 그래서 이에 대한 보완책으로 책을 읽으면서 핵심적인 내용이나 좋은 글귀는 공부하듯이 메모하는 습관을 들였다.

 이렇게 하고 보니, 메모한 내용만 다시 읽어도 읽을 때의 감흥을 그대로 느낄 수 있었다. 그러나 혼자서만 알기에는 너무 아깝고 소중한 내용이 많아서, 그러한 내용을 지인들과 공유하였다.

 그러다가 캘리그라피를 배우게 되었는데, 캘리그라피를 연습하면서 메모해둔 좋은 글귀들을 자주 써보게 되었다. 읽기만 해도 좋은 글귀들을 한 자 한 자 직접 쓰면서 자기 성찰이 되었고, 마음이 편안해졌으며, 각오를 새롭게 다지게 되었다. 그러다 보니 캘리그라피를 연습하는 시간은 나 자신에게도 소중한 시간이 되었다.

이렇게 캘리그라피를 연습하면서, 책을 읽고 소중한 내용은 지인들과 공유했듯이 좋은 글귀들을 우리 매장을 찾아주시는 손님들과 공유하고 싶다는 생각이 들었다.

연습에 연습을 거듭해서 아직 훌륭하지는 않지만, 손님들께 '캘리그라피 책갈피'를 선보이고 공유하게 되었다. 우리 매장을 찾아 주시는 손님들께 1인당 1개씩 무료 증정 서비스를 시작한 것이다.

손님들의 반응은 예상보다 훨씬 좋았다. 책갈피 앞에서 좋은 글귀들을 하나하나 다 읽어보는 손님들도 많았고, 나름의 느낌을 표현해주시고 가는 손님들도 많았다.

"글귀가 너무 좋아서 마음이 편안해졌어요.", "오늘 기분이 우울했었는데, 덕분에 힘을 얻고 가요.", "머릿속이 복잡했었는데 좀 정리가 됐어요."

우리 매니저도 책갈피를 좋아해주는 팬 중의 한 명이다. 엄마를 드리려고 몇 개를 가져갔는데, 엄마 자신보다는 엄마의 직장 동료를 위해서 쓰인 책갈피가 있었다.

'당신 참 애썼다. 토닥토닥.' 이 책갈피를 받은 엄마의 직장 동료 한 분은 눈이 퉁퉁 붓도록 울었다고 한다. "사는 게 힘들어서 위로받고 싶었는데… 고맙다"고 하면서 또 울먹여서, 우리 매니저 엄마도 같이 울었다고 한다.

나중에 듣고 보니 중학교 3학년인 아들에게 장애가 있다고 한다. 친구도 없고 집에만 있다 보니 고도 비만이 되었고, 경제적 어려움과 엄마 도움 없이는 학교도 가지 못하는 등 모든 것을 엄마에게 의존하는 아들을 보살피느라 그분은 매우 지친 상태였다고 했다.

이렇게 '캘리그라피 책갈피'는 자기를 위해서 가져가기도 하지만 친구나 자녀 등 다른 사람에게 주려고 가져가는 경우도 많았고, 책갈피를 통해서 위로를 받았다고 하는 감사의 말씀들과 피드백을 받으면서 이 일에 긍지와 보람을 느꼈다. 그리고 무엇보다 세상에는 위로받고 싶은 사람이 많다는 것을 알았다.

나도 카페를 창업하기 전, 회사에 다닐 때는 자기계발서 위주의 독서로 계속해서 스스로 동기 부여하고 열심히 사는 데에만 집중하다 보니, '이렇게 사는 것이 맞는 것인가?' 하며 한 번씩 삶이 공허하게 느껴지기도 했다.

또한, 카페를 창업하고 다양한 손님들을 대하면서 마음을 추스르기 쉽지 않을 때도 많아서 마음 챙김이 필요했다.

이러한 때에 카페를 창업하면서 공부에 대한 열망으로 한국방송통신대학교 경영학과에 입학하였고, 교양 과목인 철학(philosophy)을 접하면서 철학의 어원인 '지혜에 대한 사랑(philosophia)'이 주는 일깨움에 자기계발서 위주의 독서에서 인문학 위주의 독서로 큰 틀이 바뀌었다.

여기에 법륜 스님의 영향으로 불교의 가르침을 접하면서 자기 성찰을 통해 삶의 이치에 대한 깨달음을 얻었고, 인생을 어떤 마음으로 살아갈지 구체적인 방향을 정하고 삶에 대한 가치관이 재정립되었다. 그 이후에야 비로소 행복이 어디에서 오는지 알게 되었다. 이처럼 내게는 카페를 창업하고 대학 공부를 시작한 것이, 보다 가치 있는 삶을 살게 된 계기가 되었다.

이러한 과정을 통하여 알게 된 삶의 이치를, 전에도 알았더라면 살면서 가끔 슬픈 마음이 들지 않아도 될 것을, 이런 것도 모르고 지금까지 애쓰면서 살아온 나에게도 심심한 위로를 보낸다.

'당신 참 애썼다. 토닥토닥.'

그리고 이제라도 알게 돼서 참 다행이다.

그동안 좋은 책의 소중한 내용을 지인들과 공유해서 좋았고, 좋은 글귀들을 '캘리그라피 책갈피'로 만들어 매장을 찾아 주시는 손님들과 공유해서 긍지와 보람이 있었다. 그 경험을 바탕으로 내가 깨달은 삶의 이치를 사랑하는 딸 민경이를 포함한 다른 사람들과 공유하고, 그들이 이 세상을 살아가는 데 조금이라도 보탬이 되었으면 하는 마음에서 이 책을 쓰게 되었다.

이 책은 4장으로 구성되어 있다.

1장에서는 직장 생활 대부분을 은행과 금융 관련 업체에 근무하다가, 낯선 환경인 중소 제조 업체에 근무하게 됐지만, 빠르게 적응해나가고 치열하게 생존해서 재기의 발판을 마련한 중소기업에 근무했던 내용을 다루었다.

회사의 경영관리 체계 구축 및 영업의 정상화 과정을 다루고 있어서 경영관리 직군과 영업 직군에 종사하는 사람들에게 도움이 될 것이다.

2장에서는 '이디야 커피' 가맹점을 인수하여 창업하는 과정과 적응하는 과정을 소개하고, 커피 맛의 핵심이 되는 질 좋은 에스프레소 추출 방법 및 그라인더의 이해 등 카페 운영 요령과 운영 전략을 소개하여 카페에 관심이 있는 분들에게 도움이 되도록 하였다.

3장에서는 대학 공부와 인문학 공부에 이어 불교의 가르침을 접하면서 알게 된 세상을 지혜롭게 살아가는 데 필요한, 삶의 이치에 대한 깨달음에 관해서 기술했다. 이 부분이 이 책의 핵심이고 이 책을 쓰게 된 이유이다.

4장에서는 코로나19의 시작과 함께 원인을 알 수 없는 다발성 통증과 극심해진 위산 역류의 고통 속에서, 매출은 대폭 감소하여 몸도 마음도 힘들었지만, 극적으로 몸이 회복되었고 걱정을 할 때마다 '마음 챙김'을 실천하고 있어서 힘겨운 시간을 극복할 수 있었던 과정을 그렸다.

그리고, 불교의 가르침을 접하면서 매일 밤 잠들기 전에 '없음'을 한탄하여 갈구하기보다는 충만함을 감사하게 되었고, 이렇게 충만함을 감사하는 기도로 매일매일 자기 성찰을 하고, 평범한 일상에 감사하게 되었다.

"부처님, 감사합니다. 오늘도 무탈한 하루였습니다. 감사합니다.
모든 것이 다 부처님 덕분입니다. 감사합니다.
우리 민경이는 잘하고 있습니다. 아무 문제가 없습니다.
다 잘될 겁니다. 감사합니다. 부처님.
저도 아무 문제가 없습니다. 다 잘될 겁니다. 감사합니다. 부처님.
알아차리고 알아차리고 또 알아차려서 이해받기보다는
이해하는 사람이 되어서 좀 더 너그러운 사람이 되겠습니다.
극락세계에 계신 아미타부처님과 자비로 중생의 괴로움을 구제하여
극락왕생의 길로 인도하시는 관세음보살님의 뜻에 따르겠습니다.
나무아미타불 관세음보살.
세상에 보탬이 되는 사람이 되겠습니다. 감사합니다."

끝으로 현재까지 살아오면서 감사한 분들이 있습니다. 그분들께 감사

의 말씀을 드리면서 들어가는 글을 마치고자 합니다.

경영학과를 졸업 후, 세상에 보탬이 되고자 하는 마음에서 청소년교육과에 편입하였고 전공 과목인 '청소년 인성 교육' 시간에 감사에 대한 강의를 들으면서 감사한 다섯 분을 적어보는 시간이 있었습니다. 그 시간에 적었던 분들께 이 자리를 빌려서 감사의 말씀을 드립니다.

먼저 납부금이 많이 미납되어 중학교도 졸업하지 못할 처지였을 때, 밀린 납부금을 전액 내주셨던 수녀 선생님께 감사드립니다. 그때는 너무 어린 마음에 가난한 게 창피하기도 하고, 어찌할 바도 몰라서 찾아뵙고 감사 인사도 드리지 못해서 정말 죄송합니다. 그리고 감사합니다.

한일은행에 근무하다가 연봉, 승진 등에서 조건이 좋았던 신설 은행인 동남은행에 경력 직원으로 지원했을 때, 흔쾌히 합격을 허락해주신 당시 하정열 지점장님께 감사드립니다. 지점에 근무하다가 인사부, 금융부 등 본사의 주요 요직에 근무하게 된 것도 지점장님이 저를 좋게 봐주셔서 인사고과를 잘 주신 덕분인 걸로 알고 있습니다. 감사합니다.

나중에 본부 부서 부서장님으로 다시 모시게 된 인연이 있었고 결혼식에 주례 선생님으로 모시게 되어 영광이었습니다. 감사합니다.

동남은행 부평 지점에서 처음 뵈었는데, 뵐 때부터 인품이 좋으셔서 저를 포함한 직원들이 많이 의지했습니다. 하지만 당시에 매우 아프셔서 병가를 내셨는데, 병가 중에 차도가 있었는지 지점 야유회에 참석하셨고, 동료애를 보여주시는 뜨거운 열창으로 당시 사회를 보던 저를 울리셨지요.

그 후에 동남은행 김포 지점에서 차장님으로 다시 뵈었는데, 최고의 호흡으로 김포 지점을 같은 그룹에서 최고의 지점으로 만들었고, 이에 대한 성과를 인정받아 차장님은 여의도 지점 지점장님으로 승진하셨고, 저는 본부 부서로 영전했습니다.

동남은행 근무 당시에 저를 잘 봐주셔서, 동남은행이 IMF로 퇴출당한 뒤에도 기회가 될 때마다 같이 일하자고 해주셨고, 사업 실패 후 정말 어려울 때는 다시 일할 수 있도록 자리를 마련해주신 당시의 정승용 지점장님 감사합니다.

지점장님의 동생이 대표로 있던 중소기업에서는 정승용 전무님으로 모시면서 동남은행 김포 지점에서 근무할 때처럼 찰떡 호흡으로 다시금 일하는 재미와 보람을 느낄 수 있어서 정말 좋았습니다. 감사합니다.

전무님이 추천했지만, 당장에 필요한 인력이 아니어서 거절할 수도 있었는데, 전무님을 믿고 입사를 최종 허락해주신 당시의 대표님에게도 감사합니다.

전무님 퇴사 이후 경영관리는 저를 신뢰하여 저에게 일임해주셨고, 대표님은 우리의 기술 없이 중국에서 단순 수입에만 의존해왔던 방식에 안주하지 않고 다년간 기술 개발에만 집중하셔서, 중국 상해에 우리의 기술력으로 대규모 생산 공장을 완공하셨지요.

공병호 박사의 저서 『10년 후, 한국』을 읽고 무작정 중국 시장을 개척하겠다는 열정과 신념이 10년도 훌쩍 지나서 완성된 장기간 프로젝트였지요. 오로지 기술 개발에만 매진하셔서 이루신 성과에 경의를 표합니다.

지금은 사세가 확장되어서 회장님으로 근무 중이신 ㈜두크 정상용 회장님. 근무하는 동안 물심양면으로 성원해주셔서 감사했습니다.

마지막으로 이 책을 쓰면서도 여러모로 힘이 되고 있지만, 평소에도 카페에서 마음껏 공부할 수 있도록 소소한 일들은 도맡아 하면서 6년째 힘이 돼주고 있는 박주원 매니저에게 감사드리며, 언제나 아빠를 신뢰하는 사랑하는 딸 유민경에게도 감사합니다.

Contents

2 장

〰〰〰〰〰〰〰〰〰〰〰〰〰〰〰

인생은 속도가 아니라 방향이다

3 장

삶에는 끝이 있어도 앎에는 끝이 없다

4장

인내가 약한 사람은 삶에 있어서도 약한 사람이다

세상에 실패란 없다.

포기할 때가 실패이다

1장

〰〰〰〰〰

01

인생은 꼭
그 길만 있는 것은
아니다

블루오션이 될 수도 있었던 스타트업의 공동 경영진에 합류할 기회가
생겨서, 금융 IT 기업의 마케팅 팀장 일을 그만두고, 스타트업에 합류해
서 할 수 있는 노력을 다했다. 하지만 우리의 사업은 법으로 제한하고 있
는 아이템이어서 관련 법이 개정되어야 했다. 당시 '국회 과학기술 정보
통신위원회'에서는 관련 법을 일부 개정하는 방향으로 추진 중이었고, 언
론의 보도 내용도 긍정적이어서 조심스럽게 사업의 성공을 기대하고 있
었지만, 최종적으로 관련 법 개정이 무산되었고 이에 따라 추진 중인 사
업도 자동으로 중단되고 말았다. 내가 어찌할 수 없는 외부 환경 요인을

너무 긍정적으로만 바라보고 뛰어든 탓이 컸다.

하지만 이제는 월급쟁이로 다시 시작이다. 한동안 '이랬으면 어땠을까? 저랬으면 어땠을까?' 하는 생각에 아쉬움이 남기도 했지만, 이것도 좋은 경험이라고 생각했다.

이 길이 아니면 다른 길로 가면 되는 것이다. 인생에는 꼭 한 길만 주어지지 않는데, 이 길만이 내 길이라고 고집하기 때문에 좌절하는 것이다. 새롭게 주어진 환경에 적응하기 위해서 마음을 다잡았다. 머리를 어지럽히는 생각을 떨쳐내고 현재에 집중하기로 마음을 먹고 나니 한결 편안해짐을 느꼈다.

새로 근무하는 회사는 중소 제조 업체로, 여태껏 삶의 대부분을 금융 기관과 금융 관련 기업에 근무해온 나로서는, 다소 낯설게 느껴졌지만 일하는 것만큼은 누구보다도 자신이 있었기에 낯선 환경이라고 해도 그렇게 걱정이 되지는 않았다. 그보다는 이렇게 다시 직장 생활을 할 수 있게 된 것에 감사하는 마음이 더 컸다.

내가 할 수 있는 일은 자금, 기획, 관리 분야의 일이었지만, 이미 담당자가 있었기에 특별한 보직이 없는 상태에서 입사하게 되었다. 은행원 시절 모셨던 지점장님이, 동생이 대표로 있던 회사에 이미 전무님으로 입사해 계셨고, 그런 전무님의 추천이 있었기에 가능한 일이었다.

전무님은 은행에서 근무할 때의 내 모습을 염두에 두고, 기회가 될 때마다 같이 일하자는 뜻을 말씀하셨지만, 잘 다니던 직장을 굳이 그만두면서까지 옮길 이유는 없었다.

그런데, 사업이 실패로 끝나면서 전무님의 제안을 받아들일 기회가 된 것이다. 마침 전무님이 다시 연락을 주셨고 대략적인 말씀을 들어보니, 전무님은 지금의 담당자보다는 전무님의 생각을 이해하고 실행하는 데 힘이 되어줄 참모가 필요하다는 말씀으로 알아들었고, 그런 역할이라면 내가 잘할 수 있는 일이었다.

나는 입사할 당시에는 과잉 인력이었지만, 회사에 입사하고 얼마 지나지 않아서 내가 해야 할 일을 찾아 나갔고, 회사에 보탬이 되기 시작했다.

우선은 회사가 어떤 상태에 있는지 파악하는 일이 중요했다. 궁금하기도 했지만, 현재 상황을 알아야 이후 상황에 대처할 수 있기 때문이다.

회사의 현재 상황을 가장 정확하게 파악하려면, 현금 흐름 분석을 해보면 된다. 은행에 근무할 당시 서울 본부에서 기업체 신용 분석 업무를 담당했기에 현금 흐름의 분석 방법이나 중요성에 대해서는 누구보다도 잘 알고 있다.

회사에 있어 현금 흐름 분석이란, 사람에게 있어 온몸의 구석구석으로 산소를 전달하는 중요한 역할을 하는 혈액에 비교될 만큼, 회사의 지속성과 연결되는 대단히 중요한 일이다. 손익계산서에는 영업이익이 발생했지만, 매출채권의 회수 지연 등으로 현금의 유입이 부족한 경우 흑자도산이 발생할 수도 있기 때문이다. 영업이익도 중요하지만 그보다 더 중요한 것이 현금 흐름인 것이다.

따라서 안정적인 회사 운영을 위해서는 적어도 1분기의 현금 흐름 분석이 되어 있어야 하는데, 현재 상황은 1분기의 현금 흐름 분석은 물론, 다음 달의 지출 계획조차 없는 상황이었기에, 적어도 재무적으로는 회사운영이 주먹구구식이었다. 직원 능력의 한계이자 중소기업의 한계라고 볼 수도 있었다.

전무님이 나를 추천하고 대표님이 특채한 이유가 여기에 있었다. 이제는 경영기획 부서장으로 회사의 자금과 기획 분야의 일을 담당하게 되었다.

현금 흐름을 분석하려면 매출계획 및 매출채권에 대한 수금 일정과, 원자재 구매대금의 지급 규모 및 지급 일정 등을 알고 있어야 하며, 급여 등 고정경비 외에 신규 투자 등 비고정 지출에 대해서도 알고 있어야 한다.

따라서 제대로 된 현금 흐름 분석을 위해서는 회사의 전반적인 업무를 파악하고 있어야 한다. 달리 말하면 현금 흐름 분석을 하고 나면 회사가 어떻게 돌아가는지, 회사의 자금 사정이 어떠한지 정확하게 알게 된다는 것이다.

각 부서장과의 의사소통이 원활하게 이루어지고 유기적인 협조 하에 현금 흐름 분석이 비교적 빨리 마무리되면서 회사 상황이 한눈에 들어왔다. 회사는 지출 규모와 비교하면 수입이 턱없이 부족해서 만성적인 자금 부족 상태였다. 매출을 끌어올려 수입을 늘리든지, 수입에 맞추어서 지출 규모를 줄여야 하는데, 대표님은 매출 증가 쪽으로 방향을 잡았고, 없는 살림에 경력 직원들을 추가로 채용해서 승부를 걸었다. 하지만 시간만 흘러갈 뿐, 이렇다 할 개선의 여지는 보이지 않았고 대표님의 목소리만 커질 뿐이었다.

계속해서 매출은 정체되고, 지출 규모도 그대로 유지되다 보니, 영업 활동에서의 자금 부족을 대출로 메꾸어나갈 수밖에 없었다. 회사의 매출은 정체되고 있는데, 뚜렷한 방향 설정도 안 되고 있고, 현금 흐름 분석을 토대로 한 맞춤 경영도 안 되고 있다 보니 한마디로 총체적인 난국이었다.

물론 이러한 내용을 알고는 있었지만, 현금 흐름 분석을 통한 체계화된 데이터로 분석해보니 더 확실해진 것이다. 체계화된 회사는 체계화된 시스템을 경험한 사람에게서 나오는데 당시 회사에서 그런 경험을 한 사람은 전무님과 나뿐이었다.

전무님과 의기투합해서 회사의 문제점과 나아갈 방향을 공유하고 추진하다 보니 전무님과 함께 은행에 근무하던 당시의 열정이 새삼스럽게 떠올랐다.

내가 대리로 승진하여 김포 지점에 발령받아 근무하던 중 차장님으로 부임하시어, 부평 지점에서 뵌 이래로 7년 만에 다시 뵙게 되었다. 김포 지점은 그 당시만 해도 수도권의 외곽에 있는 평범한 작은 점포에 지나지 않았다.

당시에는 은행 전체적으로 매년 '연간 점포 평가'가 진행되었는데, 이즈음에도 차장님이 부임하시고 얼마 지나지 않아서 '연간 점포 평가'가 시작되었다. 우리 지점에서는 일주일에 하루는 밤늦게까지 목표 달성을 위한 계획 수립과 세부 실천 방안, 추진 결과 등에 대해 팀별 회의, 전체 회의가 진행되었다. 차장님이 주도적으로 진행하셨고 나는 실무 팀장이었다.

공과금 자동이체, 인터넷뱅킹 가입 등 창구에서 할 수 있는 업무와 토지보상금 유치, 공공기관 예금 유치 등 책임자가 움직여야 하는 업무까지 우리는 누구 하나 예외 없이 팀별로 움직였고, 팀별 경쟁 구도가 되다 보니 과부하가 걸리기도 했지만, 실적 달성에는 도움이 되었다.

창구에서 공과금 자동이체 유치는 당연한 업무가 되었고, 토지보상금 유치를 위해 어르신들이 국 사발에 내어주시는 막걸리를 하루에 서너 사발씩 마시는 일도 당연한 일이 되어갔다. 그렇게 한 해를 보내면서 김포 지점은 상을 싹쓸이하다시피 받았다.

열심히 하기도 했지만 무턱대고 열심히 한 것이 아닌, 전략적으로 열심히 한 결과였다. 상금이 넘쳐나서 추석에 직원들에게 소고기를 선물하고, 단체로 대한민국의 나폴리라 일컫는 통영을 여행하고, 직원 모두가 손꼽은 제주도를 여행하였다.

이렇게 일하는 재미와 보람이 있었던 김포 지점에서의 근무는, 나의 인생에서 전성기 중의 하나로 꼽는다. 이후에 차장님은 김포 지점에서의 성과를 인정받아 여의도 지점장으로 승진 발령이 났고, 나는 본부 부서로 영전했다.

당시의 우리 회사도, 김포 지점에서 우리가 했던 것처럼 목표 달성을 위한 계획 수립이 첫 번째로 중요했고, 계획대로 추진되고 있는지 추진 결과를 점검하는 일이 두 번째로 중요했고, 추진 결과에 따른 계획의 수정이 세 번째로 중요했다. 이러한 일련의 과정들은 체계적인 시스템으로 움직여야 하는데, 그러한 시스템은 역량 있는 사람에게서 나온다.

수처작주(隨處作主) :
가는 곳마다
주인이 되어라

우리 회사의 나아갈 방향과 관련하여 전무님은 외형 성장과 관련된 영업 분야에 집중하셨고, 영업 분야는 내가 당장 할 수 있는 일이 아니었기에, 나는 내부 업무에 집중하기로 하였다.

우선 내가 가장 먼저 해야 할 일은 취업 규칙을 제정하고 신고하는 일이었다. 취업 규칙은 사업장에서 근로자가 준수하여야 할 규율과 근로 조건에 관한 사내 규정을 명시한 문서로 임금 규정, 인사 규정, 휴가 규정, 복지 규정, 상벌 규정, 퇴직 규정 등 회사의 전반적인 규정이 담겨 있어야 하며 노동부 장관에게 신고할 의무가 있었다. 하지만 신고 의무를 떠나서 기본적으로 회사에 있어야 할 제반 규정이 전혀 없는 상태여서 최우선 순위로 두었다. 이때가 입사한 지 약 2달쯤 되었는데, 추석 연휴가 막 시작되고 있었다.

가족들은 친척 집에 가는데, 나는 사업 실패 후 근황에 관해서 말할 것도 없고, 무엇보다 해야 할 일이 있으면, 바로 해버려야 하는 성격 탓에 추석 연휴 내내 회사에 출근해서 취업 규칙을 작성했다. 시험공부를 할 때 밤늦게까지 도서관에서 공부하다가 집에 올 때면 마음이 뿌듯하듯이 규정을 하나씩 완성해가며 매일 밤 퇴근할 때마다 뿌듯한 마음이 들었다.

추석 연휴 마지막 날 드디어 취업 규칙을 완성했다. 완성된 취업 규칙은 누구한테 검토 받고 할 형편이 아니었기에 내가 최종 확인자인 회사의 사장이라고 생각하고 빠진 항목은 없는지 확인하고 또 확인했다.

사장의 마음으로 일을 한다는 것은 기본적으로 생각하는 수준을 끌어올려야 한다. 어떤 일에 대한 의사 결정을 할 때 내 입장이 아니고, 회사의 입장에서 생각해야 한다는 것이다. 내가 사장이라고 생각하고 의사 결정을 해야 한다는 것이다.

또한, 평소의 생각도 어떻게 하면 우리 회사를 더 강하게 만들 수 있을지를 염두에 두어야 한다. 결국, 사장의 마음으로 일을 한다는 것은 주인정신을 갖는 것이고, 주인 정신을 갖는다는 것은 회사에도, 나에게도 보탬이 되는 일인 것이다.

사원의 대부분은 사원의 마음으로 일하고, 과장의 대부분은 과장의 마음으로 일한다. 이렇게 당연하게 자기 직급에 맞게 일하면 현재 직급에서 크게 벗어나기가 어렵고, 사원이라도 위에서 언급한 사장의 마음으로 일하면 더 높은 직급에 오르는 것은 자명한 일이다.

우리 회사의 경우 사원이든 과장이든 부장이든 상사에게 보고할 때 자기 생각은 별로 없고 '어떻게 할까요?'라고 지시를 바라는 경우가 많은데, 그렇게 하지 말고 '제 생각은 이러이러한데 어떻게 할까요?'라고 물어야 한다. 그렇게 하다 보면 자연스럽게 의사 결정을 해보는 연습도 되고 무엇보다 사장의 마음으로 생각하게 되어 의사 결정 수준이 높아질 수밖에 없다.

경영이란 계속되는 의사 결정 과정으로 직급이 높아질수록 의사 결정을 해야 하는 일이 많다. 그런데도 의사 결정을 안 해보고 지시만 받아서 일하다가 어느 순간에 팀장으로 승진을 하게 되면 어떻게 될까? 물론 자리가 사람을 만든다고 잘하는 직원도 있을 수 있지만, 평균적으로 볼 때 문제가 발생할 확률이 높다.

팀원일 때에는 표시가 나지 않아도 팀장은 관리자이기에 주목을 받을 수밖에 없는 위치에 있는데, 팀장이 의사 결정을 하지 않아서 일이 진행되지 않거나, 팀장이 올바른 의사 결정을 하지 못해서 올바른 지시 없이 일이 진행되다 보니 회사에 손해를 끼치고 최악의 경우 물러나게 되는 일도 있었다.

골드만삭스에 21년 근무하면서 마지막 9년은 대표이사 사장 자리에 있었던 도키 다이스케는 『왜 나는 영업부터 배웠는가』에서 "당연한 일을 당연하지 않을 만큼 하는 것이 중요하다."라고 강조한다.

니시오카 요시히로라는 프로야구 선수가 있다. 고등학교를 졸업하고 세이부에 입단한 그는 매일 밤 천 번씩 스윙 연습을 하기로 했다. 수백 번이나 휘두르다 보면 점점 손힘이 약해져 종이테이프로 손과 배트를 감아 휘둘렀다고 한다. 물집이 터지고 손은 피투성이가 되었지만 그래도 매일 배트를 쥐고 휘둘렀다.

그는 "당연한 일을 당연하지 않을 만큼 하는 것이 중요하다."라는 말도 남겼다. 즉, 야구 선수는 당연히 스윙 연습을 해야 하는데, 이를 당연하지 않을 정도로 계속하는 게 중요하다는 의미였다.

결국, 당연한 일을 당연하지 않을 만큼 한다는 것은 누구의 지시로 하는 것이 아니라 스스로 그렇게 하겠다고 목표를 정하고 실행하는 것이다.

야구 선수는 당연히 스윙 연습을 해야 하는데, 당연하지 않을 정도로 하는 것이 중요한 것처럼, 회사의 영업 담당자는 당연히 영업해야 하는

데, 기존에 해오던 영업 외에도 어떻게 하면 매출을 끌어올릴 수 있을까 하는 생각을 항상 염두에 두고, 결과적으로도 매출을 끌어올려야 한다.

　아울러 경리 담당자는 시키는 대로 입출금을 하고, 일상적인 일계표를 작성하고, 일상적인 회계 처리에만 머무르지 말고, 재무 분석에 관한 공부를 해서 우리 회사 및 경쟁 업체의 재무 상태를 분석할 수 있는 능력을 키워야 한다.

　또한, 현금 흐름 분석표를 작성할 수 있는 실력을 키워서 스스로 전반적인 현금 흐름 관리를 해나갈 수 있어야 한다. 이렇게 작성된 현금 흐름표는 회사의 사장이 올바른 의사 결정을 하는 데 보탬이 될 것이고, 이렇게 해야 경리 담당자는 당연하지 않을 정도로 일을 하는 것이다.

　취업 규칙에 이어 시급한 업무는 정보 시스템의 도입이었는데, 전사적 자원관리라 불리는 ERP(Enterprise Resource Planning)의 도입과 회사 내부의 업무를 통합하는 인트라넷(Intranet)의 도입이었다. 이 두 가지의 정보 시스템은 준비 단계부터 실제 활용되기까지 상당한 시간이 소요되기 때문에, 취업 규칙 작성 이전부터 시스템 제공 업체의 주요 기능을 비교 분석하고 구축 제안서를 검토하고 있었다.

　ERP가 없는 현재의 업무 처리는 제품 주문에서부터 작업 지시, 생산, 출고, AS까지 모든 업무를 수작업으로 진행하고 있어 실시간 매출 현황의 파악도 어려웠다. 무엇보다 축적된 데이터를 신속하게 활용할 수 없어, 품목별 매출 현황, 업체별 매출 현황, 품목별 마진율, 업체별 마진율, 업체별 수금 현황, 제품 출고 현황, AS 부품 출고 현황 등의 파악이 어렵거나 아예 불가능했다.

따라서 가장 기본적인 매출원가 산정이 불가능했고, 매출원가 산정이 불가능함에 따라 수익과 비용이 일치해 이익도 손실도 발생하지 않는 손익분기점 분석과, 매출이 감소하더라도 손실을 보지 않고 견뎌낼 수 있는 여유 능력 지표인 안전한계율 분석 등 기본적인 재무 지표 산출이 불가능했다.

또한, 인트라넷이 없다 보니 여러 가지로 불편한 점이 많았다. 부서장 회의 시간에 회의 자료를 참석 인원만큼 출력하고 배부하는 예전 방식의 회의를 진행하고 있어, 참석자가 아니면 각 부서에서 진행 중인 업무가 무엇인지 전사적으로 공유되지 못했다.

회사에서 공지 사항이 있을 때도 전자게시판이 없다 보니, 전 직원에게 알리는 일도 번거롭고, 취업 규칙 등 사내에서 지켜야 할 제도와 각종 업무 자료에 대한 공유도 어려웠다. 급여 명세표를 출력해서 전달하다 보니 직원별 연봉이 오픈되어 상대적으로 연봉이 적은 직원들은 위화감을 느꼈다.

대표님이나 부서장이 출장 중일 때 중요한 일이 발생하면 전화로 구두 승인을 받아서 진행하지만, 일반적인 업무는 전자결재 시스템이 아니다 보니 업무가 진행되지 못했고, 과거에 진행했던 업무 내용도 알 수가 없어서 개인의 기억에 의존하는 수밖에 없었다.

　회사가 성장하기 위해서 이렇게 두 가지의 정보 시스템이 필요했는데, 직원들의 노력으로 3개월의 시간이 소요되어 구축을 완료하였다. 기존 업무는 업무대로 진행하면서 새로운 시스템을 구축하느라고 관련된 직원 모두가 수고한 덕분이었다.

　ERP의 도입에 따라 데이터를 기반으로 정확한 경영 치표의 산출이 가능해져서 재무적인 지표로 우리가 현재 어디쯤 가고 있는지, 회사의 경영 현황을 객관적으로 파악할 수 있었고, 인트라넷의 도입으로 정보를 공유하고 원활한 소통을 바탕으로 더 체계화된 경영이 확립되었다.

03

경영이란
끊임없는 의사 결정
과정이다

ERP와 인트라넷을 도입할 무렵 회사는 더 높은 성장을 위해 나를 포함한 다수의 경력 직원이 입사한 상태였다. 매출액이 100억 원에 다다를 때쯤이어서 여태껏 대표님이 해오던 방식대로는 회사를 경영할 수 없을 만큼 회사가 성장해 있었기 때문이었고, 이로 인해 대표님 1인 체제에서 부서장 체제로의 전환이 필요했기 때문이었다.

이렇게 되기까지 익숙한 현재에 안주하려는 생각도 있었지만, 이제까지와는 다른 회사를 꿈꾸며 두렵지만, 도전을 선택한 대표님의 결단이 있었다.

대표님의 결단과 전무님의 뒷받침으로 회사는 한 단계 더 나아가기 위해 인적, 물적 자원은 준비가 된 상태였지만, 회사의 성장을 견인할 매출 실적은 나아지지 않았고, 지출 규모는 더욱 늘어나서 영업 활동으로 인한 현금 흐름도 더욱 나빠지고 있었다.

이를 타개하기 위하여 전무님을 중심으로 워크숍을 통해 영업 추진 전략을 세우고, 팀별로 매출처 확대를 위한 지속적인 영업에도 불구하고 매출은 좀처럼 상승세를 타지 못했다.

그즈음, 자가 공장 신축 문제가 새로운 이슈로 떠올랐다. 지금의 임차 공장이 협소해서 효율적인 원자재 관리가 어렵고 작업 공간도 부족해서 생산 능력이 한계치에 도달했다는 것이다. 이에 따라 향후 매출 증가에 대처할 수 없다는 의견이 대다수였고, 대표님은 이러한 의견들을 참고해서 자가 공장을 신축하는 것으로 결단을 내렸다.

매출 증가에 대처하기 위해서, 그 규모에 맞는 자가 공장을 보유하는 것은 당연한 일이었지만, 문제는 자금력이었다. 영업 활동에서의 현금 유입이 없는 상태에서, 전액 외부 자금 조달에 의존하여 공장을 신축해야만 했다.

자기 자본이 없는 상태에서 전액 대출에 의존해서 공장을 신축하는 일은 무모한 일이었지만, 방향이 정해지자 전무님과 협의하여 공장 신축 자금 조달을 위한 사업계획서 작성에 착수하였고, 이를 근거로 얼마 지나지 않아 주거래 은행과 부거래 은행의 승인을 끌어냈다. 이 과정에서 더 많은 자금을 확보하기 위해서 주거래 은행을 변경하는 일까지 있었다. 지금 생각해도 절대 쉽지 않은 일이었다.

공장 신축은 예정대로 하나하나 순조롭게 진행되어 갔지만, 회사 사정은 계속해서 크게 나아지지 않았다. 이즈음에 전무님이 갑작스럽게 회사를 그만두셨다. 대표님이, 친형인 전무님으로부터 듣는 조언들이 부담스러웠던 것 같다. 그렇다고 아예 등진 건 아니고 회사는 떠나지만, 외부에서 계속 도움을 주기로 하셨다.

전무님의 퇴사는 나에게 위기이자 기회였다. 여태껏 내가 하는 업무는 전무님이 대표님과 이견을 조율해왔는데, 이제는 내가 전무님의 역할을 대신해서 회사의 최고 자금 담당 책임자가 되어야 했다. 나에게 기댈 언덕이 사라졌다는 생각에 부담이 되기도 했지만 잘해내면 오히려 기회가 될 것이고, 반대의 경우이면 나도 설 자리가 없을 거라고 생각하니 각오가 새롭게 다져졌다.

1년여의 세월이 흘러서 공장은 예정대로 완공되었고 신축 공장으로 이전하였다. 공장을 이전한 그해의 매출 실적은 조금 호전되었으나 계획했던 대로의 실적은 아니어서 회사 사정은 별반 나아지지 않았다.

공장 이전 후 다음 해인 2008년의 매출액은 전년 대비 오히려 소폭 감소했다. 매출 감소의 여파는 2분기부터 전 직원의 급여 삭감으로 이어졌고, 부서장급 이상 임직원은 급여 삭감 외에도 급여 일부를 반납했다.

하지만 급여는 계속해서 제날짜에 지급되지 못했고, 원자재 구매대금도 지급이 지연되어 결제일이 다가오면 업체들로부터 독촉 전화를 받는 일이 일상이 되어가고 있었다. 미지급 대금이 많은 업체는 공정거래위원회에 제소하는 일까지 있었고, 대표님을 대리하여 공정거래위원회에 출석해서 지급 일정에 대한 각서를 쓰고 오기도 했다. 집에서나 회사에서나, 없는 살림을 산다는 것은 참으로 힘들고 서글픈 일이었다.

그해 11월에는 미국 발 금융위기로 1월만 해도 944원이던 기준환율이 155% 증가한 1,466원에 이르러 수입 원자재의 대금 결제가 힘들어졌고, 공장 이전 후 대출이자 부담 등 제반 경비의 증가와 미지급 급여 및 미지급 원자재 구매대금의 증가로 총체적인 어려움을 겪고 있었다.

공장 신축으로 차입금이 대폭 증가한 상태에서 외부로부터의 추가 자금 조달도 어려워서 특별한 조치가 없으면 더는 버티기가 힘들었다. 2008년 7월에 미국의 스타벅스가 그랬던 것처럼 2008년 11월의 우리 회사도 구조 조정을 실행할 수밖에 없는 길로 치닫고 있었다.

업종은 다르지만, 스타벅스의 구조 조정이 시사하는 바가 있어 간략하게 소개한다. 스타벅스 회장인 하워드 슐츠의 『온워드』에서 발췌한 내용으로 2008년 7월 1일 직원들에게 발송된 이메일 내용과 하워드 슐츠 회장의 소회이다.

"회사의 역사를 돌이켜 보면, 우리는 언제나 사람을 가장 중요하게 생각해왔습니다.

따라서 매장 폐쇄 결정은 무척 어려웠지만 우리는 결단을 내려야 합니다. 매장의 운영 효율과 고객 만족을 개선하고, 파트너와 고객을 위해 장기적 가치를 확보할 수 있는 과감한 결단 말입니다. 이는 분명 스타벅스에 몸담은 25년이 넘는 기간 동안 우리가 내린 결정 중 가장 힘든 것이었습니다. 하지만 회사를 위해 결단을 내리는 일은 과거를 반성하며 혁신을 추구하는 동시에, 희망찬 장래를 내다보는 일이기도 합니다."

600개! 우리가 폐쇄하기로 최종 결정한 미국 내 매장 수다. 더욱 괴로운 점은 이로 인해 약 1만 2,000개의 일자리가 사라지게 되리라는 사실이었다. CEO인 내 머릿속에는 급격한 퇴보를 가져다준 여러 원인의 조각들이 그림처럼 하나하나 맞춰졌다. 성장에만 집중한 전략은 현명한 매출 증가 및 비용 절감이 아닌 다른 곳에만 주의를 돌려 스타벅스를 조용히 무너뜨리는 발암물질과 같았다. 거기다가 경기 악화에 위축된 소비자들이 지갑을 닫는 상황까지 겹치면서, 우리의 비용은 증가했으나 매출은 턱 없이 감소하는 치명적인 결과에 직면하게 된 것이다. 이제는 과거와 같은 방식으로 회사를 성장시키는 일은 없을 것이다. 매장 폐쇄와 대량

해고 조치라는 어두운 그림자는 분명 스타벅스 역사에서 가장 암울한 부분으로 남을 것이다.

2008년 11월 우리 회사는 구조조정을 실행에 옮겼다. 하워드 슐츠 회장이 그랬던 것처럼, 회사의 생존을 위해 어렵지만, 결단을 내렸다. 스타벅스처럼 우리 회사도 성장에만 집중한 나머지 과도한 비용 증가를 감당해내지 못했다. 구조 조정을 한다고 문제가 해결되는 것은 아니었지만 우선은 전 직원의 30%를 정리하기로 했다. 회사를 움직이기 위한 최소한의 인원만 남긴 것이다.

대표님은 해외 출장 일정이 잡혀 있어서, 구조 조정에 대한 실무는 내가 책임져야만 했다. 구조 조정 대상자에게 문서로 통보할까도 생각했었지만, 그렇게 하는 것은 도리가 아니어서 대상자 모두와 개별 면담을 통해서 회사의 사정을 말하고 이해를 구하며 구조 조정 사실을 통보했다. 당사자에게는 말도 안 되는 일이었지만, 이렇게 하지 않으면 전체가 주저앉을 수밖에 없는 냉엄한 현실이었다.

당사자가 가장 힘들고 받아들이기 어렵겠지만, 이를 통보하는 처지도 괴로움이 상당해서 다시는 하고 싶지 않은 일로 기억된다.

구조 조정 후에는 직원들의 급여 미지급액과 원자재 구매대금 미지급액을 해결해야 했는데 필요한 자금 규모가 우리 회사의 3개월 운영 자금으로 적은 금액이 아니어서 쉽게 해결될 문제가 아니었다. 더는 거액의 추가 자금 조달이 어려워 보였지만 그래도 시도는 해봐야 했다. 기댈 곳은 주거래 은행밖에 없었다. 자금 조달을 위한 사업계획서를 작성하여 제출하고 협의를 시작했다.

먼저 회사의 비용 구조를 해결하기 위해 구조 조정을 단행한 상태라 몸집이 가벼워져서 미지급 급여와 미지급 원자재 구매대금을 해결하면 회사가 정상적으로 운영되는 데 아무런 문제가 없었다.

하지만 추가 담보 여력도 없고 대출도 이미 받을 만큼 다 받은 상태이고 부채 비율, 차입금 의존도 등 재무 지표도 미흡한 수준이어서 주거래 은행의 추가 대출 승인은 장담할 수 없었다. 주거래 은행에서 고심 끝에 나온 결과는 보증기금의 보증서를 발급받아오면 해주겠다는 조건부 대출 승인이어서, 보증기금의 보증서 발급 심사부터 다시 받아야 했다.

당시 우리 회사는 주력 제품이 정부의 '조달 우수제품'으로 선정될 정도로 기술력을 인정받고 있었고, 시설 투자도 마무리되어 이번 고비만 넘어가면 무난한 성장을 보일 것으로 전망되었지만, 앞서 언급한 대로 차입금 과다로 재무 안정성이 미흡해서 보증서 발급이 불투명하였다. 이렇게 상황은 어려웠지만 될 수 있다는 믿음을 갖고, 보증서 발급 심사에 필요한 모든 서류를 즉시 작성하여 제출했다.

이제 우리가 할 수 있는 일은 기다리는 일밖에 없었다. '진인사대천명' 이었다.

고통이 없으면
이루어지는 것도
없다

전 직원의 30%를 구조 조정하는 고통을 밑거름으로 회사는 다시 기사회생하였다. 2008년을 넘기지 않고 추가 자금 조달에 성공한 것이다. 아무도, 누구도 예상하지 못했던 일이라 정말 만세를 불렀다. 여태까지 살면서 이렇게 기쁜 날이 없었다. 떠나보낸 직원들을 생각하면 마음이 아팠지만, 남아 있는 직원들은 이제 지킬 수 있다고 생각하니 정말 다행이었다. 만감이 교차하는 순간이었다.

대표님의 첫마디는 "이제 다시는 사람을 함부로 뽑지 말자."라는 것이었다. 구조 조정 과정에서 누가 뭐래도 대표님의 마음이 가장 아팠을 줄

안다. 이제는 아무리 필요한 인력이 있더라도 함부로 채용하지 않겠다는 대표님의 확고한 다짐으로 받아들였다.

2009년이 시작되었다. 이제부터가 정말 다시 시작이었다. 구조 조정으로 내보낸 직원들을 생각해서라도 잘해내야 했다.

그동안 회사의 내부 업무는 ERP와 인트라넷의 도입이 완료됨에 따라 축적된 데이터를 기반으로 체계화된 시스템으로 움직이고 있었다. ERP의 도입으로 매출원가 분석이 가능해져서 손익분기점 분석 등 손익과 관련하여 경영에 필요한 제반 자료를 산출할 수 있었고, 인트라넷을 통한 정보의 공유와 전자결제 시스템의 사용으로 빠른 의사 결정이 가능해졌다. 가장 중요한 현금 흐름은 향후 6개월을 예측해서 현금 흐름에 문제가 발생하면 사전에 대처할 수 있도록 하였다.

하지만 내부 업무가 체계화되었다고 해서 수익이 창출되는 것도 아니고, 수익은 영업을 통해서만 창출 가능한 것이어서 여전히 문제는 영업이었다.

구조 조정으로 고정비를 상당 폭 낮추었기 때문에, 영업이 지금 당장 시급한 문제는 아니었지만, 회사의 성장은 영업에 달려 있기 때문에, 이 시점에도 가장 중요한 건 영업이었다.

구조 조정으로 영업부도 최소한의 근무 인력만 남은 상태여서 기존 거래처 관리도 힘겨워 보였지만 기존 거래처에 의존한 매출 증가는 기대하기 어려운 일이었다. 기존 거래처 외에 신규 거래처를 확보해야 했다.

'영업할 직원이 없어서 할 수 있을까?'를 생각하기 이전에 무조건해야만 했다. 할 수 없는 이유가 아니라, 할 수 있는 방법을 찾아야 했다. 그런데 아무리 생각을 해도 영업에 투입할 인력이 부족해서 나부터 영업에 나서기로 했다. 경영진이 나서지도 않고 지시만 해서는 될 일이 아니었다.

다행히 내가 맡은 내부 관리 업무는 체계화되어 있어서 물리적으로 시간적인 여력은 있었다. 나는 내 시간의 50%를 영업에 할애하기로 했다. 대표님이 할 수 있겠냐고 물었을 때 당연히 할 수 있다고 의지를 보였다.

나 외에 영업부에서 2명이 내근 업무와 외근 업무를 병행하기로 해서 총 3명이 신규 거래처 유치를 위한 영업을 진행하기로 했다.

사실 나에게 있어 영업은 낯선 일도 아니었다. 은행원 시절에는 연간 점포 평가가 매년 진행되어 섭외라는 이름으로 예금 유치, 대출 유치, 신용카드 유치, 공과금 유치 등을 위해 외근을 해야 했다. 은행원이라면 다들 공감하겠지만 '섭외'라는 용어는 굉장한 스트레스여서, 은행원만큼 '섭외'라는 용어에 민감한 직업도 없을 것이다.

IMF 금융위기로 은행이 퇴출당한 후 1년여 정도의 저축은행 근무 시절에는 무작위 방문 영업도 경험했다. 저축은행 시절의 무작위 방문 영업은 앞으로 하게 될 신규 거래처 유치를 위한 영업과 비슷한 점이 많아 간략하게 소개한다.

당시의 저축은행은 대출과 관련해서 1금융권인 은행보다 경쟁력 있는 대출의 개발이 필요했다. 일반적인 담보대출은 금리가 낮은 은행으로 몰리다 보니, 저축은행에서 취급할 수 있는 대출이 마땅치가 않았다.

우리 저축은행에서는 고심 끝에 어음할인에 집중했다. 어음할인은 납품 대금으로 어음을 받는 경우 만기일에 현금화가 되는데, 만기일 이전에 현금이 필요한 경우 은행에 어음을 담보로 맡기면 소정의 할인료를 공제한 후에 현금화할 수 있는, 일종의 어음 담보대출인 셈이다.

어음할인도 할인해준 어음이 부도가 나면 금융기관도 손실이 발생하기 때문에 은행에서는 어음 외에 별도의 담보를 요구하는 경우가 많았고, 담보를 제공해도 연 5%의 할인료를 받았다. 담보 여력이 없는 대부분의 소규모 업체는 당시 연 36%의 금리에 사채 할인을 하고 있었다. 우리 저축은행은 틈새시장으로 사채 할인 금리의 절반인 연 18%의 금리로 담보 없이 어음할인을 하기로 정하고 소규모 업체 위주로 무작위 방문을 시작했다.

저축은행을 포함한 금융권에서 신용 위험이 있는 소규모 업체를 대상으로 이렇게 방문 영업을 하는 경우가 거의 없었으므로, 다소 의아해하는 사장님들도 있었고, 필요 없다며 문전박대를 당하는 일도 많았지만, 그래도 상담이 진행되는 업체들은 대부분 거래로 이어졌다. 발품을 팔아야 하니 처음에는 거래처 유치에 속도가 나질 않았으나 거래처가 100여 곳에 이르고, 거래처와의 신뢰 관계가 형성되자 소개에 소개를 받아 1년여 만에 500여 곳의 거래처를 확보하였고, 어음할인 실적도 당초 예상치를 초과 달성하여 저축은행에 근무하는 동안 일하는 재미와 보람을 느꼈었다.

우리 회사의 신규 거래처 영업도 저축은행의 어음할인 영업과 마찬가지로 발품을 팔아 많이 움직여야 했다. 어부가 고기를 잡을 때 어망을 최대한 넓게 펼쳐야 고기를 많이 잡을 수 있듯이, 우리도 영업 구역을 최대한 넓게 잡아서 가능한 많은 거래처를 방문해야 했다.

아프리카에 간 신발 장수 이야기가 있다. 신발을 신고 있는 사람이 아무도 없는 것을 보고, 한 사람은 '모두가 맨발로 다니니 신발을 팔 수가 없겠구나.'라고 생각하며 판매를 포기했다. 그런데 다른 사람은 '신발을 신고 있는 사람이 아무도 없으니까, 많이 팔 수 있을 거야.'라고 생각했다.

우리도 같은 생각이 필요했다. '우리 회사 제품을 써본 적이 없으니 판매하기 힘들겠다.'라는 생각보다는 '우리 회사 제품을 써본 적이 없으니 많이 팔 수 있겠다.'라는 생각 말이다.

한편, 우리 회사가 2008년 구조 조정의 고통과 어려움을 딛고 2009년을 다시 시작하는 것처럼, 2009년 8월에 넥센 히어로즈의 조용준 선수도 오랜 기간의 재활을 마치고 다시 돌아왔다. 나는 당시 넥센 히어로즈의 야구팬으로 중계방송을 시청하고 있었는데, 조용준이 중간계투로 등판하였다. 조용준의 모자 왼쪽에는 'No Pain No Gain'이라고 쓰여 있었는데 아나운서가 울컥하는 목소리로 설명을 이어갔다.

"고통이 없으면 이루어지는 것도 없다. 2002년 한국프로야구 신인왕 출신 조용준 선수입니다. 2005년 시즌 후에 어깨 부상으로 수술 및 재활을 시작하였고, 무려 4년 만에 그가 돌아왔습니다."

아나운서의 설명에 나도 울컥했다. 4년 동안 "얼마나 많이 힘들었을까? 얼마나 많이 포기하고 싶었을까?"를 생각하니 고통을 이겨낸 그 의지가 정말 대단해 보였다. 이후 관련 기사를 검색해보니 조용준은 지난 2005년 9월 미국에서 오른쪽 어깨 수술을 받고 재활에 힘써왔는데, 어깨 수술을 받은 이후 1군 경기에 한 번도 등판하지 못했고 허리 부상까지 겹치며 '재기가 어려울 것이다.'라는 전망이 지배적이었지만, 스스로 끊임없는 노력을 한 끝에 이제 4년 만의 실전 등판을 한다는 내용이었다.

조용준은 2009년 복귀전 이후 10경기에 더 등판하고 시즌을 마무리하였으나 어깨 통증 재발로 결국 은퇴하고 말았다. 조용준 선수는 이렇게 은퇴하였지만, 그의 신념이 담긴 'No Pain No Gain'은 이후 오랜 기간 나의 좌우명이 되어 힘들 때마다 나를 지탱해주는 힘이 되었다.

05

~~~~

남을 지배하지 마라,
이끄는 것과
지배하는 것은 다르다

알베르트 아인슈타인은 이렇게 말했다. "어제와 똑같은 삶을 살면서 다른 삶을 기대하는 것은 정신병 초기 증상이다." 우리도 지금 당장 일하는 방법을 바꾸지 않고 어제와 똑같이 움직이면서 회사의 다른 미래를 기대하기만 한 건 아닌지 생각하게 하는 말이다.

우리는 담당자별로 전국을 분할하여 영업 구역을 지정했다. 외근 영업은 당초 계획보다 활발한 움직임이 없었다. 내근 업무를 병행해야 하는 이유도 있었지만, 거래처와의 미팅 약속이 원활하지 않았다. 미팅 약속을 위한 전화를 하면 필요 없으니 오지 말라는 경우가 많았다. 이래서는 시작도 못 해보고 끝날 판이었다.

"할 수 없는 일이 있는 것이 아니라, 할 수 없다는 마음이 그 길을 가로막고 있을 뿐이다."라는 칭기즈칸의 말처럼, '할 수 없는 것이 아닌가?'라는 마음이 자꾸만 올라와서 마치 거대한 벽 앞에 가로막혀 있는 느낌이 들었다.

시작 단계부터 일이 꼬이고 있어 점점 하기 싫은 일이 되어가고 있었다. 내가 하기 싫은 일은 남도 하기 싫은데, 우리는 흔히들 내가 하기 싫은 일을 남에게 미루는 경향이 있다. 특히 남에게 미룰 수 있는 권한이 있는 윗사람들이 그러는 경우가 많다.

우리는 정체되고 있는 초기의 영업 상황을 타개하기 위해서, 마라톤에서처럼 페이스 메이커 역할을 할 사람이 필요했다. 마라톤에서 페이스 메이커는 자신의 속도를 조율해서 다른 선수들이 좋은 기록을 낼 수 있게 하지만, 우리의 페이스 메이커는 마라톤과 달리, 자신도 좋은 기록을 내야 했다.

이러한 역할은 내근 업무 부담이 상대적으로 적은 내가 맡아야 했다. 내가 하기 싫은 일을 남에게 떠넘기는 '돌격 앞으로'가 아니라, 내가 먼저 모범을 보이는 '나를 따르라!'를 해야 했다.

국방TV 〈토크멘터리 전쟁사〉에 의하면 1차 중동전쟁에서 이집트는 막강한 화력과 병력에도 불구하고 이스라엘에 패했는데 그 이유가 이집트군 장교가 '돌격 앞으로'를 해놓고, 정작 본인은 제일 먼저 도망갔기 때문이라고 한다.

우리나라에는 백선엽 장군의 다부동 전투 사례인 '나를 따르라'가 있다. 유광종의『백선엽을 말한다』에서 중요한 대목만 발췌했다.

"한국군이 후퇴했다. 퇴로가 차단되기 전에 철수하겠다." 마이켈리스 연대장이 자신의 좌측에 있던 한국군이 허무하게 무너지자 다급하게 미 8군 사령부에 상황을 보고했던 것이다. 백선엽은 이를 앉아서 지켜볼 수만은 없었다. 그는 사령부를 나와 11연대 1대대가 밀려 내려오고 있는 현장으로 달려가 짧은 연설을 했다.

"지금까지 정말 잘 싸웠다. 그러나 이제 우리는 물러설 곳이 없다. 여기서 밀리면 우리는 바다에 빠져야 한다. 저 아래에 미군들이 있다. 우리가 밀리면 저들도 철수한다. 그러면 대한민국은 끝이다. 내가 앞장서겠다. 내가 두려움에 밀려 후퇴하면 너희들이 나를 쏴라. 나를 믿고 앞으로 나가서 싸우자."

뒤에서 부하들이 따르는 소리가 들렸다. 함성도 일고 있었다. 사단장 백선엽은 계속 산길을 뛰어올랐다. 뒤에서 따라온 어떤 부하가 어깨를

잡고, 다른 누군가가 허리를 잡았다. 그들은 "사단장님, 인제 그만 나오세요. 우리가 앞장서겠습니다." 부하들이 사단장을 제치고 달려 나갔다. 거센 함성을 외치면서 11연대 1대대 장병들이 다시 진격했다. 산등성이를 넘어오던 적들은 그런 기세에 밀렸다. 뿔뿔이 흩어져 도망치고 있었다.

우리 회사의 '나를 따르라'는 우선 접근 방식부터 바꿔야 했다. 전화를 통한 사전 미팅 약속이 아니어서 비효율적이었지만 무작정으로 그냥 찾아가야 했다. 약속 없이 찾아가서 미팅이 어긋나거나 거절을 당하면, 다음에 다시 찾아가고 또 찾아가고 그렇게 해야 했다. 계속해서 찾아가다 보면 결국에는 거래가 이루어질 것으로 생각했다. 이렇게 전국에 소재한 예비 거래처를 최소한 3번 이상은 방문한다는 계획을 세우고 먼저 움직이기로 했다.

사서오경 중 『대학』에 이르기를 '심성구지 수부중부원의'라고 했다. 마음으로 간절히 원하고 노력하면 비록 적중하지는 못해도 크게 벗어나지 않는다는 말이다. 이러한 마음으로 하루에 최소 10곳 이상의 방문 계획을 세우고 영업을 시작했다. 조급해하지 않고, 밀려서 후퇴하지 않고 지속해서 밀고 나가는 추진력이 관건이었다.

사전 약속 없는 방문이었지만 상담이 이루어질 때도 있고, 상대방이 외근 중이라 미팅이 어긋나기도 했다. 거절을 당하는 일도 있었지만 대체로 해볼 만하다는 생각이 들었다.

상담 내용은 인트라넷의 일일 업무 보고를 통하여 영업부 담당자 및 대표님과 공유했고, 영업부 직원들도 같은 방식으로 영업을 하고 상담 내용을 공유했다. 상담 내용 공유로 내가 방문하지 않은 업체에 관한 내용도 자세하게 알 수 있었고, 생생한 현장의 목소리가 대표님께도 여과 없이 그대로 전달되어 흡족해하셨다.

상대적으로 내근 업무에 대한 부담이 적었던 나와 달리, 영업부 직원들은 기본적으로 처리해야 하는 내근 업무가 있어서 외근 후에는 수시로 야근까지 해야 했다. 직원들이 이렇게 열심히 하는데 '심성구지 수부중부원의'할 것이라는 생각이 들었다. 직원들에게 "고생이 많다. 잘하고 있다."라고 격려해주었다.

잠깐 야구 얘기로 돌아오면 2021년 10월 30일 한국 프로야구 정규 시즌 마지막 경기 후에 키움 히어로즈 이정후 선수 인터뷰가 있었는데, 아나운서가 시즌 막바지에 타격왕 경쟁이 치열할 때 슬럼프를 어떻게 극복했는지 물었다.

이정후 선수는 아빠의 조언이 큰 힘이 됐다고 했다. "너는 네가 생각하는 것보다 훨씬 더 좋은 선수다. 편하게 해라."라는 조언이었다고 했다. 이정후 선수는 결국 슬럼프를 극복해냈고 타격왕이 되었다.

또한, 2019년 시즌 초반 타격 슬럼프를 겪을 때도 "아빠, 요즘 나 너무 짜증이 나."라고 말하자, 아빠는 "뭘 그렇게 신경을 쓰냐. 올 시즌은 그냥 망했다고 생각하고 편하게 해라."라는 조언에 슬럼프가 극복되었다고 했다. 결국, 이정후 선수가 슬럼프를 극복하는 데 있어서, 기술적인 문제가 아니라 아빠의 인정과 격려가 큰 힘을 발휘한 것이다.

나에게도 이러한 사례가 있었다. 저축은행에 근무할 당시 일하는 능력을 인정받고 영업 실적도 있어서 일하는 재미와 보람은 있었지만, 연공서열식 연봉으로 합당한 대우를 받지 못하고 있었는데, 은행에서 같이 일했던 선배의 스카우트 제의로 선배가 있던 금융 IT 기업으로 회사를 옮겼다.

새로운 업무에 적응하고 1년쯤 지났을 때 나를 스카우트한 선배이자 총괄 팀장이 회사를 그만두고 경쟁 업체를 창업했다. 당시 우리 회사 대표님은 주요 핵심 직원들이 이탈하지 않을까 노심초사했다.

지금 다니고 있는 회사에서 전무님이 퇴사 후 내가 기회를 얻은 것처럼, 총괄 팀장 퇴사 후 내가 그 자리를 물려받아 기회를 얻게 되었고, 마케팅팀을 무난하게 이끌어 갔다.

연말에 대표님이 따로 불러서 그때 많이 걱정했었는데 이탈하지 않고 자리를 지켜 줘서 정말로 고맙다고 하시는데, 물심양면으로 인정을 받는다는 생각에 경쟁 업체로 자리를 옮긴다는 생각은 아예 하지 않게 되었다.

직원들을 지배하지 않고 이끌어가기 위해서는 리더의 생각과 전략이 합리적이어야 하고 리더의 솔선수범하는 행동이 필요하다. 리더가 옳은 방향으로 가고 있다고 생각하면 직원들은 따르게 되어 있다.

반대로 권력을 이용하여 직원들의 잘못을 들추어내어 비난과 비판으로 그들을 지배하고자 한다면, 그들은 자신을 정당화하기 위해 변명을 하게 될 것이고, 그렇게 되면 그들의 자존심에 상처를 주고 반항심으로 이어질 수도 있다.

직원들은 비난이나 비판보다는 인정과 격려가 있어야 더 열심히 한다. 결국, 자녀에게나 직원에게나 믿어주는 마음인 '인정'과 동기 부여를 하게 만드는 '격려'가 최선의 결과를 이끌어내는 것이다.

06

가장 무서운 것은
하루하루 쌓여 생기는
힘이다

쇠는 처음부터 단단한 것이 아니라, 수많은 메질과 달구질, 그리고 담금질 과정을 거치면서 단단해진다.

우리의 영업도 처음엔 앞으로 나아가는 게 힘겨웠지만, 대장장이가 쇠에 메질하듯 우리도 거래처의 문을 매일같이 두드리다 보니 시간이 지날수록 영업이 단단해졌다. 이처럼 꾸준한 영업으로 전국에 소재한 예비 거래처를 한 번 이상씩 방문하게 되었고, 이후에는 거래가 가능할 것으로 보이는 예비 거래처부터 우선순위를 두고 재방문을 시작했다.

이러한 영업은 가능하다면 직급이 높은 사람이 할수록 좋다. 직원들보다 의사 결정 권한이 높아서 거래 상대방에게 거래 조건에 대한 신뢰를 줄 수 있고, 비정형화된 거래에도 즉시 결정을 내릴 수 있는 장점이 있기 때문이다.

이렇게 재방문과 또 한 번의 추가 방문이 진행되며 거래 가능성은 커졌지만, 좀처럼 의미 있는 실적으로 연결되지는 못하고 있어서 조급한 마음도 들었다. 하지만, 모소 대나무가 성장하기까지 씨앗을 뿌리고 5년을 기다리는 농부들처럼 우리도 조급해하지 않는 기다림이 필요했다.

모소 대나무는 중국의 극동 지방에 자생하는 희귀종 대나무이다. 이 대나무는 씨앗이 뿌려진 후 4년이 지나도 불과 3cm밖에 자라지 못한다. 그렇게 4년 동안 시간이 멈춰버린 것처럼 아무런 미동도 하지 않다가 5년이 되는 해부터 매일 30cm가 넘게 자라기 시작해서, 6주가 지나면 15m 이상 자라서 그 자리는 순식간에 울창한 대나무 숲을 이루게 된다.

4년 동안 미동도 없다가 6주 사이에 놀라운 성장을 한 것처럼 보이지만, 사실 모소 대나무는 지난 4년간 땅속에서 깊고 단단하게 뿌리를 내리고 있었고, 어느 순간 엄청난 성장을 한 것이다.

모소 대나무처럼 우리가 뿌린 영업의 씨앗도 지금 성장하지 않는 것이 아니라, 깊고 단단한 뿌리를 내리는 중이라고 생각했다. 때가 되면 성과로 연결되어 높은 위치에 다다를 것으로 생각했다. 조급해하지 않는 기다림의 가치가 빛을 발할 것이라고 생각했다.

우리는 2009년을 영업이라는 화두에 집중하며 지속해서 움직였지만, 결과적으로 2009년 매출 실적은 전년 대비 제자리걸음이었다. 그래도 의미 있는 사실은 영업부를 포함해서 전 부서가 구조 조정으로 인해 가용인원이 대폭 줄어든 상태에서도 전년도 매출을 유지했다는 것이다.

매출 실적은 답보 상태였지만, 구조 조정으로 인해 고정경비가 크게 줄면서 회사의 영업이익은 많이 증가하여, 효율적인 회사로 거듭나고 있었다. 또한, 구조 조정 후의 적은 인원으로도 회사를 운영하는 데 아무런 문제가 없다는 것을 알 수 있었고, 현금 흐름을 고려하지 않은 인적, 물적 자원의 투자는 정말 신중하게 결정해야 한다는 것을 다시금 깨닫게 되었다.

2010년에도 매출 확대를 위한 신규 거래처 개척은 지속하였다. 신규 거래처 개척은 새로운 매출 확대의 방법이 아니고, 과거에서부터 계속 시도해온 방법이었지만, 여태껏 성과로 이어지지는 못했다. 그만큼 쉽지 않은 일이었기에 실적이 없다고 해서 포기하지 말고 지속적이고 꾸준한 영업 활동을 이어나가야 했다.

지속해서 방문하다 보면 거래가 이루어질 것이라는 믿음을 갖고 기다려야 했다. 그렇게 스스로 지치지 않고 지속적인 영업 활동을 전개한 지 1년이 지나면서 노력은 서서히 실적으로 연결되기 시작하였고, 2011년부터는 신규 거래처에 의한 매출이 상당 폭 증가하여 회사의 성장에 활력소가 되었다.

또한, 매출 증가 외에도 신규 거래처와 미팅을 하면서 경쟁 기업의 현황 및 동 업계 현황 등의 영업 정보를 얻을 수 있는 부가적인 요소도 있었다. 이러한 영업 정보는 상대방이 기분 좋게 말할 수 있는 분위기를 조성하기만 하면 됐다. 사실상 거래처와 자리는 영업의 힌트를 얻어내는 자리였던 셈이다.

2012년, 2013년을 거치면서 매출 실적은 계속 증가하여 2013년 말 현재 매출액은 구조 조정 후 첫해인 2009년 매출액 대비 약 2배 가까이 성장하였다. 매출액뿐만 아니라, 구조 조정 후 "이제 다시는 사람을 함부로 뽑지 말자."라는 대표님의 확고한 다짐처럼 사람을 함부로 뽑지 않았고, 정말 필요한 경우에만 제한적으로 채용했기에, 영업이익 또한 계속 증가하였다.

영업이익의 계속된 증가로 자기 자본 또한 증가해서 재무 안정성의 대표적 지표인 부채 비율과 회사 자산의 차입금 의존율을 나타내는 차입금 의존도가 갈수록 개선되어 재무 지표를 보더라도 내실 있는 탄탄한 기업으로 변모하고 있었다.

데일 카네기는 『사람을 움직여라』에서 '찰스 슈왑'이 미국 실업계에서 최초로 연봉 1백만 달러를 받은 사람이었다고 서술하고 있다. 철강의 왕 앤드루 카네기는 '찰스 슈왑'에게 왜 1백만 달러나 되는 연봉을 주었을 까? 그가 천재였기 때문에? 아니다. 제철의 최고 권위자였기 때문에? 아 니다.

제철에 관해서라면 실무를 담당하는 직원들이 자기보다 훨씬 더 잘 안 다고 '찰스 슈왑'이 말했다. '찰스 슈왑'이 말한 연봉에 관한 비밀은 다음 과 같다. "나에게는 사람들의 열정을 불러일으키는 능력이 있다. 이것은 나의 귀중한 재산이다." 이처럼 '찰스 슈왑'의 성공 비결은 철강회사의 전 문 경영인이지만 철강에 대한 지식보다는 사람을 다룰 줄 알았기 때문이 다.

이즈음 나도 '찰스 슈왑'에게 비할 바는 아니지만, 회사에 대한 기여도 를 인정받아 여태까지의 직장 생활 중 처음으로 억대 연봉을 받게 되었 다.

국세청의 '2013년 국세 통계 연보'에 따르면, 2012년 귀속분 근로소득 세 연말정산을 신고한 근로소득자 가운데 근로소득이 1억 원 이상인 '억 대 연봉자' 비율이 불과 2.6%인 점을 보면 중소기업에서 억대 연봉을 받 는 일은 결코 쉬운 일이 아니다. '억대 연봉자'라는 상징성도 크지만, 무 엇보다 직원들의 능력을 잘 끌어내는 리더의 역량을 인정받았다는 사실 에 감사했다.

'찰스 슈왑'은 자신의 성공 비결이 사람을 다룰 줄 알았기 때문이라고 말하고 있다. 내가 생각하는 사람을 다룰 줄 안다는 것은 그들의 장점을 파악하여 적재적소에 배치하고 인정과 격려로 최선의 노력을 끌어내서 최고의 결과를 만들어내는 것이다. 이것이 사람을 다룰 줄 안다는 것이고, 리더의 역량이라고 생각한다.

은행에 인사 담당자로 근무하던 당시 '인사 이동은 자기가 하는 것'이라는 말이 있었다. 인사 발령은 은행에서 하지만 본인의 결과물이라는 것이다. 실적이 좋으면 승진 발령을 받을 것이고, 그렇지 못하면 승진 발령에서 제외된다는 것이다. 결국, 나의 가치는 남이 결정하는 것 같지만 '찰스 슈왑'처럼 나의 가치는 내가 결정하는 것이다.

07

우리의 야유회는
예능보다
재미있다

내가 입사하기 전까지 우리 회사의 야유회는 등산 후에 회식이나, 운동 경기 후에 회식으로 갈음하여, 다른 회사의 일반적인 야유회와 다를 바가 없었다고 한다. 하지만 내가 입사한 그해 가을부터 우리 회사의 야유회는 예능으로 바뀌었다.

첫 번째 야유회는 강화도로 향했다. 펜션도 예쁘고 내부 시설도 좋았지만, 규모가 좀 작아서 펜션 전체를 빌렸다. 전 직원이 전세버스를 타고 출발했는데, 강화도로 간다는 것만 알고 있을 뿐 세부 일정은 모르고 있는 상태여서 야유회가 어떻게 진행되는지 다들 궁금해하는 눈치였다.

펜션은 산 중턱에 있어서 어느 곳에서나 내려다보이는 전망이 좋았다. 2층에는 시야가 탁 트인 넓은 옥상이 있었는데, 그곳에서 우리의 예능이 진행되었다. 부서별로 팀을 정하고 스피드 퀴즈, OX 퀴즈, 뱀꼬리 잡기, 코끼리코 돌고 제기차기 등 예능에서 하는 게임들을 진행하였다. 우승팀에게는 우승 상금과 방 선택권, 펜션에 있는 노래방 독점 사용권이 주어졌고, 팀원에게는 개인 시상이 따로 있어서 직원 모두가 게임을 치열하게 즐겼다.

이날 게임의 하이라이트는 최종 3개 팀이 남을 때까지, 매 라운드가 진행될 때마다 꼴찌 팀은 해체되었고, 해체된 팀원들은 부름을 받는 다른 팀으로 뿔뿔이 흩어지는 것이었다. 당시에도 회사 사정이 좋지 않아서, 구조 조정 상황과 업계 3위 이내에는 들어야지 살아남을 수 있다는 것을 패러디한 것이었다.

종전 야유회의 회식 자리는 주로 업무적인 대화가 이어지다 보니, 부서 간에 언쟁도 발생하고 좋지 않게 끝나는 적도 많았다고 들었는데, 이날 저녁 자리에서는 진행했던 게임과 관련된 뒷이야기들로 화기애애한 분위기여서 야유회 기획자 겸 사회자로서 뿌듯했다.

다음 날은 별다른 일정 없이, 펜션에서 제공하는 북엇국으로 해장을 하고 팀별, 개인별 시상을 하고 오전 11시에 마무리했다.

야유회를 다녀와서 보니 직원들의 반응이 정말 좋았고, 이에 힘입어서 매년 새로운 형식의 야유회를 기획하고 진행할 수 있었다. 야유회를 진행하면서 직원들의 재미있어하는 표정과 끊이지 않는 웃음소리는 이러한 형식의 야유회를 계속해야 하는 이유와 내 존재 가치를 대변해주었다.

그동안 강원도 홍천, 경기도 가평, 충남 태안, 충남 서산 등의 분위기 좋은 펜션에서 이렇게 예능 같은 야유회를 진행하였지만, 회사가 점차 어려워지면서 야유회는 생략되었고, 구조 조정까지 단행되면서 야유회는 무기한 중단되었다.

그렇게 중단되었던 야유회는 구조 조정 후 2년쯤 지나면서 회사 실적이 차츰 좋아지고, 실적이 좋아지다 보니 분위기도 좋아져서 어느새 '직원들 단합도 할 겸 야유회 한 번 가자.'라는 얘기들이 나와서, 3년 만에 다시 예능 같은 야유회를 기획하게 되었다.

야유회 장소 선택에 있어 가장 중요한 것은 펜션이다. 먼저 게임을 진행할 수 있는 야외공간이나 실내공간이 있어야 한다. 그다음으로는 깨끗해야 하고 분위기도 좋아야 한다. 이러한 장소를 검색하다가 '공주 한옥마을'이 눈에 들어왔다.

'전주 한옥마을'과는 다르게 숙박 시설을 운영하고 있었는데 규모도 크고, 직원들이 다 같이 모일 수 있는 다목적실의 실내 공간과 맛집으로 불리는 음식점까지 한옥마을 내에 있어서 '역대급'으로 가장 좋은 시설이었다. 다른 곳을 더 검토할 필요가 없었고 숙박은 '공주 한옥마을'로 정했다.

다른 때 같으면 '공주 한옥마을'에 도착해서 야유회를 진행했겠지만, 이번에는 오랜만에 진행되는 야유회이기에 평소와 다르게 특별한 야유회를 기획했다.

회사에서 출발하여 숙박 시설로 바로 가지 않고, 숙박 시설 인근에 있는 공주와 부여의 가볼 만한 곳 중에서, 미션으로 주어진 사진 속의 장소를 찾아가서 팀원 전부가 나오게 사진을 찍어야 하는 미션을 추가하였다.

미션 장소는 9곳으로, 1곳당 선착순으로 1등~3등까지 방문한 팀 사진만 유효한 것으로 인정되고, 일직선으로 3곳의 사진 미션을 가장 먼저 완성한 팀이 우승하는 것으로 기획하였다. 미션 장소는 사전 답사를 통하여 부여 궁남지의 '포룡정', 부여 부소 산성의 '백화정', 부여 백제문화단지의 '제향루', 부여 백제문화단지의 '소망의 북', 부여 '정림사지 오층석탑', 국립부여박물관의 '칠지도', 공주 '무녕왕릉', 공주 공산성의 '공북루', 공주박물관의 '진묘수'를 선정하였다.

야유회 당일 회사에는 12인승 승합차 8대가 도착해 있었다. 평소에는 대부분 직원 개인 차량으로 이동했지만, 오늘은 팀별 미션 수행을 위해서 특별히 렌트카를 이용하기로 했다. 09시에 회사 강당에 전 직원이 모였다. 벌써 다들 설레는 분위기이다.

운전이 가능한 직원 중에서 운전 경력 순으로 8명의 팀원을 우선 선발하였다. 그다음에는 비슷한 연령대로 8명씩 시드를 배정해서 각 팀의 평균 연령이 비슷하도록 하였고, 제비뽑기로 팀을 정하다 보니 인기가 많은 직원이 배정된 팀은 환호성을 질렀다. 이런 방식으로 팀을 구성하는 것도 다들 재미있어했다. 그렇게 시드 배정으로 팀당 7명 정도의 인원으로 한 팀이 구성되었고, 손가락 작대기 선택을 가장 많이 받은 팀원을 팀장으로 선출하였다.

진행 일정과 관련해서 회사에서 준비한 점심을 먹고 출발하는데, 점심 식사는 게임을 통하여 우승 팀부터 도시락 선택권이 있다고 공지하였다.

도시락 선택을 위한 게임 중 복불복 게임이 가장 호응도가 좋았는데, 날달걀이 이마에서 터지는 장면이 압권이었다. TV에서 많이 보던 장면이었지만, 눈앞에서 직접 보니 또 다른 재미가 있었다. 이렇게 날달걀과 삶은 달걀, 고삼차와 오렌지주스, 소금물과 생수 중에서 종목 선택은 자유이고, 팀원들이 다섯 번 연속으로 운이 좋아야 점수를 얻을 수 있는 게임이었다.

도시락 선택을 위한 게임이 종료되었고, 우승 팀부터 먹고 싶은 도시락을 선택하여 식사했다. 직원들은 식사 후에 다 같이 출발하는 것으로 알고 있었지만, 본 게임은 지금부터였다.

식사를 어느 정도 했을 때, 우승 팀 팀장에게 문자를 보냈다. '회사 곳곳에 숨겨진 퍼즐 문제를 찾아서 문제를 풀고 사진을 찍어서 보내면 다음 미션을 드립니다.' 이렇게 10분 간격으로 모든 팀장에게 차례대로 문자를 보냈다. 앞선 순위의 팀들이 뭔가를 찾으러 다니는 모습을 본 하위 팀들은 영문을 몰랐다.

그즈음 우승 팀에서 퍼즐 문제를 푼 사진이 왔다. 우승 팀에게 다시 문자를 보냈다. '행담도휴게소에는 빨간 풍차가 있습니다. 빨간 풍차 앞에서 공중 부양 사진을 찍어서 보내면 다음 미션을 드립니다.' 우승 팀은 가장 먼저 회사에서 출발했고, 나머지 팀도 순차적으로 행담도휴게소로 향했다.

행담도휴게소 미션을 완료하면 이제부터 원래 계획했던 사진 미션이 주어진다. '승합차 조수석 발판을 들춰보면 봉투에 9칸으로 나누어진 사진 1장이 있고, 9칸 속의 사진을 확대한 사진 9장이 들어 있습니다. 사진 속 장소를 찾아서 팀원 모두가 나오게 사진을 찍으면 됩니다. 다만 특정 장소에 선착순으로 세 번째 방문한 팀까지만 인정됩니다. 사진 속 장소는 부여와 공주에 있습니다. 가로나 세로, 대각선 등 일직선으로 빙고를 가장 먼저 완성한 팀이 우승입니다.'

이 게임의 핵심은, 사진 속 장소가 어디인지 파악을 하고, 어디부터 갈 것인지 순서를 정하는 것이었다. 그만큼 리더인 팀장의 역할이 중요했다. 나는 미션 수행 후 보내온 사진을 집계하여, 선착순으로 세 번째 팀까지 미션이 완료된 장소는 '미션 장소 폐쇄'를 알려주기만 하면 되었다. 미션이 가능한 장소가 폐쇄되면, 당연히 남은 장소만으로 빙고를 완성해야 했다.

사진 미션이 종료되고 오후 5시쯤 최종 집결지인 '공주 한옥마을'에 모든 팀이 모였다. 아직 미션 수행 과정의 얘기들을 나누느라고 떠들썩하다.

정해진 시간 내에 빙고를 완성한 팀은 세 팀에 불과하였다. 꼴찌 팀은 부소산성에서 삼천궁녀의 전설이 깃든 '백화정'을 향해 가다가 어떻게 해도 이미 꼴찌인 것을 인지하고는, 운전자를 제외한 팀원들은 파전에 동동주를 곁쳐서 얼굴들이 발그레했다.

미션을 완료한 세 팀 중 선착순으로 우승 팀이 가려졌는데, 준우승 팀과 불과 5분밖에 차이가 없었다. 미션을 완료한 시간을 발표하자 우승 팀은 환호성을 질렀고, 준우승 팀은 많이 아쉬워했지만, 다들 처음 해본 미션에 활기가 넘쳤다.

저녁 식사로 모든 팀에 한우 불고기와 숯불 목살 바비큐가 제공되었고, 우승 팀은 오리 훈제와 불낙전골이, 준우승 팀은 오리 훈제가 추가로 제공되었다. 이날 저녁 자리에서도 일 얘기를 주제로 대화하는 직원들은 볼 수가 없었고, 다들 야유회 뒷얘기로 웃음꽃이 만발하였다.

저녁 식사 이후로는 자유시간으로 기획하였고 직원들은 미리 마련된 '테마의 방'으로 가서 즐기면 되었다. '테마의 방'은 '게임의 방', '고스톱의 방', '주당의 방'으로 준비되었고, 피곤한 사람은 팀별로 배정된 숙소에서 휴식을 취해도 좋았다.

'테마의 방' 중에서 가장 인기가 높았던 방은 '게임의 방'이었다. 야유회의 인기 게임을 즐기기 위해서 직원 대부분이 여기에 모였다. '게임의 방'에는 생맥주와 안주가 준비되었고, 늦은 새벽까지 게임을 즐기느라고 시간 가는 줄도 몰랐다.

다들 늦게까지 깨어 있어서 아침에 일어난 얼굴들이 초췌하다. 대표님이 숙소 앞마당에서 기지개를 켜는데, 영업부장이 언제 준비했는지 오렌지주스를 건넸다. 대표님이 마시다 말고 내뱉으며, '야이 씨, 뭐라고 뭐라고' 하신다.

다 마신 오렌지주스 병에 복불복 게임에서 남은 고삼차를 담아온 것이다. 언제 그런 걸 준비했을까? 참 재치가 있다. 그런데, 대표님이 뭐라고 한 것도 화를 낸 건 아니다. 당시의 회사 분위기가 대표님에게 장난도 할 수 있을 만큼 좋았다.

대표님이 고삼차를 내뱉은 그 순간을 놓치지 않고, 나도 대표님께 생수를 드렸다. 영업부장이 못됐다며 얼른 헹구시라고 생수를 드렸는데, 생수를 드시다 말고 바로 내뱉으며, 내게도 '아이… 뭐라고 뭐라고' 하신다. 나도 '혹시나 쓸 때가 있지 않을까?'라는 생각에 생수병에 복불복 게임에서 남은 소금물을 담아온 것이다.

아침은 한우국밥과 한우 사골곰탕으로 해장을 하고, 다목적실에 모여서 이번 야유회를 정리하는 시간을 가졌다. 우승팀 시상과 개인 시상, 행운권 추첨 등을 마지막 일정으로 언제나처럼 둘째 날은 일찍 끝냈다.

야유회가 모두 종료되고 올라오는 차 안에서, '다음 야유회는 어떤 기획으로 직원들을 신나게 할까?' 생각하니 벌써 가슴이 설렌다. 선물도 사실은 주는 사람이 더 행복한 것처럼, 야유회도 사실은 기획하고 준비하는 사람이 더 즐겁고 행복하다. 재미있고 참신한 야유회를 기획한다면 우리가 부여와 공주에서 진행했던 야유회를 그대로 따라 해보시기를 추천한다.

08

~~~~

나의 한계에
도전하는 것,
그것이 진정한 노력이다

지속적인 영업으로 인한 잦은 출장과 불규칙한 식사 및 저녁 술자리의 연속으로 건강에 이상 신호가 왔다. 급성 위염으로 1주일 동안 출근도 못 했다. 이후에도 출근길 운전 중에 위산 역류로 숨을 쉬기가 어렵고 식은 땀이 비 오듯 쏟아져 너무나도 힘들었다. '힘들다'는 표현보다는 '고통스럽다'는 표현이 적합하다. 위산 역류 증상이 심하면 식도가 타는 듯한 느낌과 겨우 숨을 쉴 수밖에 없는 증상으로 너무나 고통스럽다.

귀찮기도 해서 웬만하면 병원에 안 가는데 고통이 심해져서 종합검진을 받았다. 혈압이 높고, 비만, 지방간, 표재성 위염이 있다는 진단을 받았다. 불규칙한 생활과 그동안 운동과는 담을 쌓고 지냈던 생활 습관이 지금의 나를 만든 것이다.

영업을 중단할 수는 없는 일이고, 운동을 해야 했다. 건강과 체력이 뒷받침되어야 영업도 가능한 일이기에 평소에 집에서도 할 수 있는 근력 운동을 하기로 했다.

팔 굽혀 펴기를 하는데 10개를 하기도 힘들었다. 스쿼트는 10개를 하고 나니 허벅지가 뻐근하고 다리가 후들거렸다. 지압 훌라후프는 지압 돌기가 허리에 닿으니 너무 아파서 어찌하나 싶었다. 뭐든지 처음 시작할 때는 이런 과정을 거친다. 포기하지 않고 매일 조금씩 개수를 늘려갔다. 지압 훌라후프는 정말 너무 아파서 처음에는 허리에 수건을 두르고 하다가 점점 적응되면서 그냥도 할 수 있게 되었다.

이렇게 6개월이 지나면서 팔 굽혀 펴기는 60개씩 5세트로 300개를 하게 되었고, 스쿼트는 20개씩 5세트로 100개를 했고, 지압 훌라후프는 1시간씩 하게 되었다. 저녁 약속이 없는 날은 하루에 2시간 가까이 운동했는데, 1주일에 보통 4일 이상 운동했고 이를 10년 이상 지속하였다.

이렇게 할 수 있기까지 하기 싫은 날도 많았지만, 하기 싫다는 마음이 올라올 때마다 생각을 멈추고 그냥 운동했다. 생각을 멈추지 않으면 자기 합리화가 진행되어 결국에는 운동을 안 하기 때문이다.

힘들고 하기 싫더라도, 그때마다 하기 싫다는 생각을 멈추고 매일 꾸준히 한다는 게 중요하다. 조금씩 개수를 늘려나가는 게 중요하다. 어떤 행동이 습관으로 자리 잡는 데는 약 3주가 소요된다고 한다. 그러니 3주만 꾸준히 운동해보자. 그러면 새로운 습관, 새로운 생활 양식으로 자리 잡을 것이다.

근력 운동과 더불어 유산소 운동도 병행했다.

우선은 집 근처에 있는 낮은 산부터 시작해서 서울의 북한산, 도봉산, 수락산, 관악산, 청계산 등을 산행하였고, 이어서 전국으로 확대하였다. 등산을 거듭하면서 1년간 등산 횟수가 많을 때는 90여 차례에 달하기도 하였다. 주말과 공휴일에 별일이 없으면 거의 등산을 했다, 아니 등산이 최우선 순위였다. 등산 횟수가 늘어날수록 하체는 돌덩이처럼 단단해졌다. 종아리에 힘을 주면 하트 모양도 만들어졌다. 사람들이 이래서 운동을 하나 싶었다.

하지만 위산 역류는 등산하는 동안에도 계속되었다. 산행을 시작하면 초반에는 어김없이 위산 역류가 시작되어 처음 1시간 정도는 힘든 시간이 지속하였지만, 참아내면 가라앉았고 등산을 하고 오면 속이 편안했다. 산행 시간이 많이 소요될수록 몸은 힘들어도 속은 정말 편안했다.

등산은 운동 효과 외에도 집중해서 생각할 수 있는 시간이 있어서 정말 좋았다. 해결해야 할 문제가 있거나, 어떤 일을 추진할 때 아이디어가 필요한 경우, 이를 화두로 삼고 생각을 집중해서 등산을 이어가면 산에 오르는 것도 덜 힘들고, 생각은 생각대로 정리가 되었다.

집에 있으면 잡념으로 인해 오롯이 집중하는 시간을 갖기가 어렵다. 여러분들도 고민하는 문제가 있으면 이번 산행에 해결한다는 마음으로 등산을 하면서 생각에 집중해보시길 권한다. 등산이 어렵다면 근처에 있는 공원이라도 좋다. 집중하는 시간을 꼭 가져보기를 바란다. 잠깐 스치듯 하는 생각과는 차원이 다른 결론이 나올 것이다. 사람들은 흔히들 아이디어는 갑자기 툭 튀어나오는 것이라고 착각하지만, 좋은 아이디어는 애쓰고 애써야 나온다. 집중해서 생각하는 시간이 꼭 필요하다.

7년간 400여 차례가 넘는 등산 중 힘들어서 가장 기억에 남는 두 번의 등산에 대해서 말씀드리고자 한다.

2012년 12월 31일 설악산 등산에 나섰다. 한계령휴게소에서 대청봉에 올라 남설악탐방지원센터로 하산하는 일정으로 13km 코스이다. 08시에 한계령휴게소에서 등산을 시작했는데 함박눈이 내리고 있었지만, 한계령 입산 통제소에서는 입산 통제를 안 하고 있었다. 나는 단독 산행이었지만 주위에 삼삼오오 등산객이 십여 명쯤 있었다. 눈이 너무 많이 와서 올라가기 힘들었지만, 주위에 다른 사람들도 있고 입산 통제도 없었기에 계속 앞으로 나아갔다. 선두권에서 치고 나가다 문득 뒤를 돌아보니 아무도 없었다. 함박눈이 계속해서 내리고 있어서 위험할 수도 있다는 생각에 되돌아갈까도 생각했지만 이미 올라온 거리가 있어서 되돌아가기에도 모호했다. 잠시 생각하다가 그냥 올라가기로 했다.

아직 중청대피소는 까마득한데 올라갈수록 함박눈은 점점 더 많이 내려서 등산로가 아예 없어져버렸다. 어디가 등산로이고 어디가 낭떠러지인지 구분할 수가 없어서 덜컥 겁이 났다. 잠시 생각하다 나무가 있는 곳이 평지라고 생각하고 나무가 있는 곳을 보고 앞으로 나아갔다. 함박눈은 이미 무릎까지 쌓여서 평지에서 한 발씩 나아가는 것도 힘든데 오르막길을 만나면 미끄러지기를 반복하다가 겨우겨우 올라갔다.

그런데 올라갈수록 눈보라까지 심해서 악전고투의 산행이 되고 있었다. 그때 정상 쪽에서 내려오는 등산객을 볼 수 있어서 너무나 반가웠다. 사람도 반가웠지만, 정상 쪽에서 내려온 발자국이 남아 있어서 정말 고맙고 반가웠다. 그 발자국만 따라 올라가면 된다고 생각하니 정말로 안도의 한숨이 내쉬어졌다.

하지만 안도의 한숨은 1분도 지나지 않아 탄식으로 바뀌고 말았다. 세찬 눈보라가 발자국을 금방 지워버린 것이다. 실망할 겨를도 없이 좀 전과 같이 나무가 있는 곳을 보고 무릎으로 눈을 치고 나갔다. 시간이 얼마나 지났을까? 다행히 눈은 그쳐가고 있었고 저 멀리에 드디어 중청대피소가 보였다. '이제 살았구나.' 싶었다.

드디어 중청대피소에 도착해서 '정말 살았구나.' 하는 마음에 혼자 울컥했다.

등산화를 벗어보니 양말은 흠뻑 젖어 있었고, 양말을 벗어보니 발은 퉁퉁 불어 있었다. '그래도 여기까지 왔는데 정상은 올라가야지.' 하는 마음에 양말을 쥐어짜서 신고 대청봉으로 향했다. 대청봉에는 아무도 없어서 사진을 찍기 위해서는 한참을 기다려야 했다.

그날 정상에서 찍은 사진을 볼 때마다 아찔하기도 했지만, 참 대단했다는 생각이 든다. 남설악 탐방지원센터로 내려오는 하산 길은 다행히 정비가 잘되어 있어서 별다른 어려움 없이 무사히 내려올 수 있었고 시계는 오후 5시를 가리키고 있었다.

2013년 7월 13일 지리산 성삼재휴게소에 도착했다. 이틀간 등산을 이어나갈 생각이다. 첫날은 성삼재휴게소-노고단-반야봉-토끼봉-형제봉-세석평전-백무동 코스로 대략 12시간이 소요된다. 둘째 날은 백무동-세석평전-장터목 대피소-천왕봉-장터목 대피소-백무동 코스로 대략 9시간이 소요된다.

첫날 성삼재휴게소에서 06시에 출발하여 노고단에 올랐는데, 노고단의 운해가 장관을 이루고 있었다. 여태껏 등산하면서 이렇게 웅장하고 멋진 광경은 처음이다. 다른 무엇과 비교가 안 될 정도로 장엄하다.

노고단에서 세석평전까지는 10개의 봉우리를 넘어가야 한다. 넘어야 할 봉우리가 많아서 무념무상으로 가다 보면 어느새 마지막 봉우리인 영신봉을 넘어가고 있다.

세석평전에서 백무동으로 하산에는 코스에는 한신 폭포 등 4개의 폭포를 볼 수 있는데, 폭포에서 떨어지는 세찬 물소리를 듣기만 해도 시원하다. 끝자락에 있는 폭포 줄기에 발을 담그면 여름인데도 금방 발을 뺄 수밖에 없을 정도로 차갑다.

백무동에 도착하니 저녁 6시가 되었다. 큰 어려움은 없었지만, 산행 거리가 길어서 꼬박 12시간이 걸렸다. 많이 걸어서 발바닥도 아프고, 먹은 거라곤 즉석밥에 참치캔 뿐이어서 배도 매우 고팠다. 수고한 나를 위해 삼겹살 2인분에 소주 한 병을 맛있게 비우고 내일의 일정을 위해 일찍 잠자리에 들었다.

워낙 많이 걸어서인지 자면서도 다리가 뻐근함을 느꼈다. 잠결에 다리를 들어올려 봤는데 다리가 올라가지 않는다. 이 상태로 걷는 건 무리라는 생각이 들었다. 잠결에도 그렇게 걱정을 하며 아침을 맞았다. 다리가 정상은 아니었지만 그래도 걸을 수는 있을 것 같았다. 한번 계획을 세우면 계획대로 해야 하는 '집착'이 현재의 나를 만들었지만, 나를 참 힘들게도 한다.

계획대로 천왕봉으로 향했다. 올라가는 길은 그런 대로 괜찮았지만, 하산길에는 다리가 말을 듣지 않았다. 분명 내 다리인데, 생각과는 달리 멋대로 움직였다. 스틱이 없으면 제대로 걷지도 못했다. 다리는 만신창

이가 되었지만 그래도 어쨌든 해냈다.

많은 사람이 스스로 자기의 한계를 정해서 여기까지라고 생각하며, 그 이상은 해볼 엄두를 못 내지만, 한계는 도전하라고 있는 것이다. 자신의 능력에 선을 긋지 마라.

이런 말도 있지 않은가?

'긍정적인 사람은 한계가 없고, 부정적인 사람은 한 게 없다.'

09

현실에 안주하지 마라,
익숙함에서
벗어나라

2013년까지 꾸준한 외형 성장 및 안정적인 영업이익 실현으로 알짜 기업으로 거듭나고 있었지만 2014년 들어 매출액이 정체되었다. 매출액의 정체에도 불구하고 양질의 영업이익을 실현하여 현금 흐름은 안정적으로 유지되고 있었다.

하지만 대표님의 생각은 달랐다. 무슨 영문인지 영업부 전 직원에 대한 재신임을 묻고 있었다. 업무 지식에 대한 교육 및 평가를 진행하고, 그 결과에 따라 통과하지 못한 직원들은 정리하겠다는 것이었다. 실력을 갖추지 못한 직원들을 정리하겠다는 것은 어쩌면 지극히 당연한 일인지도 모르겠다.

　그렇지만 지난 몇 년간 잘해왔는데, 나는 이런 방식은 아니다 싶었다. 이것은 내가 먼저 모범을 보여 직원들의 능력을 끌어내는 '나를 따르라' 가 아니었다. 하지만 내 의사와는 관계없이 재신임 과정은 진행되었고, 평가 결과 2명이 탈락하였다.

　그러나 탈락자 중 1명은 아까운 자원이었다. 경력이 많지 않아 지금 당장은 업무 지식이 부족할 수 있어도 거래처로부터 인정을 받는 직원이었다. 대표님께 현장에서 인정받는 직원이고 기본적으로 성실해서 발전 가능성이 있는 직원이니 선처해주실 것을 말씀드렸고, 대표님이 받아들여 최종적으로 1명을 정리하는 것으로 마무리되었다.

　대표님이 영업부 직원들에 대한 재신임을 물었을 때, 내 마음속에서는 이미 회사를 그만두었다. 직접 나에 대한 재신임을 묻겠다고 하지는 않았으나, 그런 의중이 있었음을 느끼고 있었다.

　신용은 그 사람이 가진 조건을 믿는 것이고, 신뢰는 무조건 믿는 것인데, 신뢰는 물론이고 신용도 잃은 상태에서 무엇을 하겠는가? 일에 대해서는 누구보다 자부심이 있었는데 그 자부심이 무너져 내리고 있었다. 하지만 한 집안의 가장으로 아무런 준비도 없이, 아무런 대책도 없이 무책임하게 회사를 그만둘 수는 없었다. 무너져버린 마음을 다잡고 인고의 시간을 보내야 했다.

그렇게 2015년 7월이 되었고, 결국은 영업부에서 물러났다. 대표님이 영업부 책임자로 적합한 인재를 영입한 것이다.

개인에게 있어 지속적인 발전이 삶의 방식이 되어야 하듯, 회사도 지속적인 발전을 꾸준히 모색해야 한다. '나'라는 사람이 그동안 회사가 어려울 때 해결책이 되었다고 거기에 안주하면 그다음 해결책이 문제가 될 수 있다. 칼도 오래 쓰면 날이 무뎌지는 법이니까.

대표님은 회사를 한 단계 더 발전시킬 방법으로 영업에 경쟁력 있는 전문가를 영입한 것이어서 회사를 위한 옳은 결정이었다고 생각했다.

나에게는 자금과 회계 업무에 전념해 달라고 했다. 나에게 있어 자금과 회계 업무는 늘 해오던 친숙하고 익숙한 일이다. 더군다나 실무자도 따로 있고 지금은 업무도 체계화되어 있어서 수월하게 할 수 있는 일이었지, 특별히 가치 있는 일은 아니었다.

여태껏 회사에서 일하면서 힘들다는 생각보다는 재미있다는 생각을 많이 한 것 같다. 대표님께서 때때로 "힘들지 않아? 괜찮겠어?"라고 물으실 때마다 "아니요, 재미있습니다."라고 했던 기억이 떠오른다.

남들이 보기에 바쁘고 힘들게 보여도 스스로 가치 있다고 생각되는 일을 하면, 아무리 힘든 일도 힘든 것보다는, 일에 대한 보람을 느낀다. 반대의 경우에는 일은 힘들지 않아도 스스로는 힘들다고 느낀다. 꼭 내가 아니어도 가능한 일이다 보니, 내가 회사에 있어야 할 이유가 없는 것이다. 이렇게 실무자 선에서도 가능한 일을 하기 위해서 억대의 연봉을 받으며 회사에 머물러 있는 것은 나에게도, 회사에도 도움이 되지 않는 일이었다.

에스키모들은 늑대를 사냥할 때 동물의 피를 칼에 묻힌 뒤 얼음 위에 꽂아 둔다. 피 냄새를 맡고 모여든 늑대들은 칼끝을 핥기 시작하고, 추운 날씨에 혀가 마비되어 자신의 혓바닥에서 피가 나오는 줄도 모르고 칼에 묻은 피를 계속 핥다가 그대로 죽는다.

월급쟁이는 언젠가는 회사를 그만두고 나와야 하는데, 억대의 연봉을 받으면서 익숙하고 편한 일상에 안주하다 보면, 자신의 피인지도 모르고 핥다가 죽는 늑대처럼 꼬박꼬박 나오는 월급에 안주해서 자신의 연봉을 갉아 먹다가 아무런 준비 없이 세상이라는 전쟁터로 나오게 될 것 같았다. 그때부터 본격적으로 퇴사에 대해 생각을 하게 되었다.

호아킴 데 포사다의 『마시멜로 세 번째 이야기』에 이런 구절이 나온다. 아서는 슬로다운 사에서 일을 잘해나갔다. 꾸준히 최고 영업사원들에 끼었고, 슬로 사장의 아낌을 받았다. 또 업무는 아주 수월해졌다. 자면서도 업무를 처리할 수 있을 정도였다. 여기서 뭘 더 바랄까? 사실 아서는 더 많은 것을 원했다. 매일 독자적으로 사업할 생각을 했다. 솔직히 그 생각을 많이 하다 보니 그 외에 다른 생각은 전혀 하지 않는 듯했다. 궁금한 게 정말 많았다. 내가 그 일을 해낼 수 있을까? 직접 사업을 시작해서 정말 성공할 수 있을까? 망하면 어쩌나? 그러면 어떻게 해야 하나? 아킬라가 나를 버리고 떠날까? 슬로 사장이 나를 다시 받아주려나? 의문이 너무도 많았다.

이런 생각들이 머릿속에서 튀어나와 현기증이 났다.

퇴사에 관한 생각이 깊어질수록 나도 아서처럼 고민이 많아졌다. '가치 있는 일은 아니지만, 대표님의 지시니까 당분간은 억대 연봉을 받으면서 편하게 지내볼까?', '아니야, 그건 너의 삶의 방식이 아니야. 하고 싶은 일을 해야 해.', '그러면 어떤 일을 해야 하나?', '지금 받는 연봉을 나가서도 벌 수 있을까?', '망하면 어쩌나.', '대표님이 나를 다시 받아주려나?' 이런저런 생각이 꼬리에 꼬리를 물고 이어졌다. 막상 퇴사하려고 하니 걱정부터 앞서는 '나도 어쩔 수 없는 속세의 사람이구나.'라는 생각이 들었다.

하지만 곧 생각을 정리하여 퇴사를 결정했다. 여태까지 무엇 하나 누가 시켜서 한 일이 아니고, 스스로 일을 찾아서 했다고 자부할 수 있다. 과정도 좋았고 결과도 좋았다. 지금까지 해왔던 대로 사장의 마음으로 일을 해나가면 안 될 것이 없다고 생각했다. 그런 나를 믿고 퇴사를 결정했다.

그다음 화두는 '무엇을 할 것인가?'였다. 대학 진학이 가장 먼저 떠올랐다. 더 늦기 전에 공부하고 싶었다. 현장에서 알고 있는 경영학을 체계적인 이론으로 공부하고 싶었고, 최종 학력이 고졸자에서 대졸자도 되고 싶었다. 공부가 최우선이었다. 지금 생각해도 참 신기한 일이다. '지금 받는 연봉을 나가서도 벌 수 있을까?'를 고민하던 사람이 돈 버는 것보다는 공부를 먼저 염두에 둔 것이다.

이상하게도 돈 버는 것은 크게 걱정되지 않았다. 그냥 생활비 정도만 벌어도 좋다고 생각하니 마음이 편해진 것 같았다. 그래도 돈은 벌어야 했으니 고심 끝에 관련된 사업 경험이 없더라도 운영하는 데 별문제가 없을 것으로 보이는 프랜차이즈 가맹점을 창업하기로 했다.

여기까지 결정을 하고 나서 대표님께 퇴사하겠다고 말씀드렸다. 번복할 의사가 없는 퇴사라고 분명하게 말씀드렸다. 대표님은 잠시 생각하다 말씀하셨다. "자네의 의사가 확고하니 지금은 자네의 뜻대로 퇴사를 허락하겠네. 하지만 내가 도와달라는 요청이 있으면 그때는 내 부탁을 들어줘야 하네."

그렇게 2015년 11월을 끝으로 회사를 퇴사했다. 마흔 살에 시작해서 쉰 살까지 꼬박 10년을 근무했다. 은행은 두 곳을 포함해서 13년을 근무했으니, 단일 직장으로는 최장 기간 근무를 한 셈이다. 마흔 살에 다시 시작했던 것처럼 쉰 살에도 또다시 시작이었다.

김병도 교수는 『도전력』에서 "젊음은 자신이 하는 일 중 새로운 과제의 비중이 얼마나 큰지에 따라 결정된다고 했다. 신체적인 나이가 아니라, 자신이 만나는 사람들이 얼마나 새로운지, 새로운 지식을 얼마나 자주 습득하는지, 익숙하지 않은 과제에 얼마나 자주 도전하는지에 따라 젊음이 결정된다고 했다."

이런 관점에서 보면 쉰 살이지만 젊은이라고 할 수 있었다. 그렇게 쉰 살의 젊은이는 씩씩하게 앞으로 나아가고 있었다.

한편 회사는 어수선함 속에서도 2015년 매출액이 전년 대비 소폭 증가하였으나, 다음 단계로의 성장을 위해 경력 직원들을 다수 채용하였고, 이로 인한 판매관리비의 급격한 증가로 영업이익은 전년 대비 대폭 감소하였다. 영업이익의 대폭 감소에도 불구하고 아직은 안정적인 현금 흐름을 유지하고 있었으나, 2008년 구조 조정 후에 대표님이 말씀하신 "이제 다시는 사람을 함부로 뽑지 말자."라는 신념이 흔들리고 있는 것 같아서 회사를 그만두면서도 걱정이 앞섰다.

인생은

속도가 아니라 방향이다

2장

〜〜〜〜〜〜〜〜〜〜〜

결정했다면
자신을 믿고
앞으로 나아가라

2015년 11월을 끝으로 퇴사했지만, 대표님께서 준비하는 시간을 가지라고 2달의 혜택을 주신 덕분에 실제 회사는 9월까지만 다녔다. 퇴사를 생각하면서 그동안 머릿속에서 구상만 했던 것들을 10월부터는 실행에 옮겼다. 12월부터는 소득이 없으면 그대로 적자였기에 서둘러야 했다.

프랜차이즈 업종을 조사하던 중 워낙 독보적이다 보니 경쟁 상대가 없고 인지도가 높아서 비교적 안정적이라 할 수 있는 업종이 있었다. 나도 평소에 좋아하는 기호식품이고 이거다 싶었다. 익히 알려진 아이스크림 전문점이었다.

거주지하고 멀지 않은 곳에 매장을 구해야 매장 관리에 효율적일 것 같아서 사전에 조사해둔 대로 집에서 자가용으로 1시간 이내의 거리에 있는 역세권 및 중심 상권 지역 중에서 가맹점이 아직 개설되지 않은 지역을 위주로 현장 답사를 진행하였다.

현장 답사는 매일매일 걷고 또 걸었다. 등산으로 단련되어 있다 보니 평지에서 걷는 것은 일도 아니었다. 내가 걷는 걸음 수가 좋은 매장을 얻는 데 기초가 된다고 생각하니 발걸음에 더욱 힘이 실렸다. 그렇게 걷고 또 걷기를 열흘이 지나도 입점할 곳이 마땅치 않았다. 생각보다 입점할 만큼 유동 인구가 괜찮은 후보지가 없었고, 괜찮을 것 같은 곳은 점포가 들어갈 자리가 없었다.

그러던 중 연락처를 남겨두었던 부동산중개업소 두 곳에서 연락이 왔다. 현장 답사 결과 두 곳 모두 역세권이긴 하지만 그렇게 번화한 역세권은 아니었다. 한마디로 '애매함' 그 자체였다.

선뜻 판단이 서질 않아서 본사의 판단을 받아보기로 했다. 곧바로 본사의 점포 담당자에게 시장 조사를 의뢰하였으나 두 곳 모두 유동 인구 부족으로 입점이 불가하다는 통보를 받았다. 나도 확신이 없었기에 어쩌면 다행인지도 몰랐다.

이제 남은 것은 신규 창업이 아니라 인수 창업이었다. 인수 창업은 기존 영업점을 그대로 인수하는 방식이기에 신규 창업을 할 때만큼의 시간과 에너지 소모가 덜하고, 매출과 순수익의 정보를 알고 있는 상태로 시작하기 때문에 비교적 마음이 편안한 상태로 시작할 수 있지만, 인수를 위한 영업 권리금 부담으로 신규 창업보다는 자금이 더 많이 필요하다.

인수 창업을 위해서 창업 컨설팅 업체에 의뢰하기로 했다. 첫 미팅에서 창업 시장에 대한 개괄적인 설명을 들을 수 있었고 내가 가진 자금력을 바탕으로 원하는 조건 등에 대해 협의를 했다. 이틀 후에 매물로 나와 있는 아이스크림 전문점 한 곳을 둘러보았다. 인수하기에 괜찮다는 것은 자료로도 확인할 수 있었다. 매출액부터 재료비, 인건비, 물건비 등 경비를 공제한 순수익 지표를 확인했다. 당연히 인수 의향이 있었지만 가격이 너무 높았다. 호감도를 높이려고 일부러 이런 곳을 보여주는 것 같았다. 다음부터는 헛걸음하지 않게 내가 가진 자금 범위 내에서 추천해달라고 했다.

또 이틀이 지나서 이번에는 아이스크림 전문점이 아니고, 주스 전문점이지만 한창 뜨고 있고, 대학병원 지하층 구내 식당가에 있어 꾸준한 매출이 보장되는 곳이라고 했다. 현장 방문을 해보니 다수의 식당과 카페 한 곳이 입점해 있었고 주스 전문점은 이곳뿐이었다. 인수 가격도 괜찮고 유동 인구도 풍부해서 현재 매출액은 꾸준히 유지할 수 있을 것 같았지만, 월세가 너무 비싸다. 일반 상가의 3배나 되는 수준이다. 월세가 차지하는 비중이 매출액의 30%를 넘고 있었다. 예기치 못한 일이 발생하면 높은 고정비는 항상 문제가 되는데, 아직은 메르스가 끝난 지 얼마 안 된 시점이라 이에 대한 두려움이 컸다. 또한 다른 브랜드의 주스 전문점이 추가로 입점할 가능성도 있어 인수 대상에서 제외하였다. 두 곳을 현장답사 해보니 컨설팅 업체 한 곳만으로는 적기에 원하는 결과를 얻기가 어렵겠다는 생각이 들었다.

다음 날 다른 업체를 접촉하고 미팅을 했다. 현재 매물로 보유하고 있는 아이스크림 전문점은 없다고 했다. 다만, 요즘 대세인 커피 전문점이 있는데 커피 전문점은 생각이 없냐고 물었다. 나는 그때까지 믹스 커피만 마시고 있을 때고, 거래처와의 미팅도 사무실이나 음식점에서 이루어지는 관계로 커피 전문점을 가본 적도 없었고, 아메리카노를 마셔본 적도 없었다. 아이스크림은 개인적으로 좋아하지만, 아메리카노는 아닌데 하는 생각과 아이스크림 전문점은 독점이지만, 커피 전문점은 경쟁이 치열한 업종이라는 생각에 바로 거절했다.

시간은 속절없이 흘러가고 원하는 매장은 소식이 없었기에, 커피 전문점에 대해서 다시 한 번 생각해보는 계기가 되었다. 일단 검토는 해보자는 마음으로 업체를 접촉하여 커피 전문점 매물 세 곳을 현장 답사했다. 한 곳은 영업 실적이 괜찮았지만 보유 자금이 문제이고, 두 곳은 보유 자금 범위 내이지만 영업 실적이 부족했다. 나의 생활 터전이 되어야 할 곳이기에 마음에 들지도 않는데 결정할 수는 없었다.

내가 까다로운 고객이기보다는 매물이 신통치 않았다. 다른 분들도 다 이런 과정을 거쳤으리라 생각하고 더 기다려보기로 했다. 10월 말이 다 되어가는 시점에서 먼저 접촉했던 업체에서 아이스크림 전문점이 적정한 가격에 매물로 나왔다고 연락이 왔다. 컨설팅 업체와 현장 방문을 하고 매출액 등 관련 자료를 검토했다. 매출액, 순이익 규모 등 영업 실적이 괜찮았다. 다만, 인근 대형 할인점 내에 아이스크림 전문점이 입점한 이후로는 매출이 내림세에 있었다. 매물로 나온 원인으로 보였다. 그래도 현재 실적과 상권은 양호한 편이고 배후에 아파트 신축 예정지까지 있어서 괜찮아 보였다.

나 이외에 다른 사람도 인수 의사가 있는 곳이라고 했다. 결정을 빨리 하지 않으면 인수를 못 할 수도 있다고 해서, 3일 이내에 가부를 결정하겠다고 했다.

업체와 헤어지고 다시 한 번 꼼꼼히 상권을 살폈다. 다음 날도 혼자 와서 주변 상권을 다시 한 번 확인했다. 내일이면 결정을 해야 하는 날이다. 그렇게 아이스크림 전문점으로 온통 생각이 가득 차 있고 상권을 살피던 중에 이번에는 다른 업체에서 괜찮은 커피 전문점 매물이 나왔다고 연락이 왔다. 이곳도 결정을 빨리해야 하는 곳이라고 했다. 매물로 나온 커피 전문점은 집에서도 가까운 곳이고, 우연하게도 고등학교 졸업 후 첫 직장이었던 은행의 근처에 있어서 가보지 않아도 상권을 알 수 있는 곳이었다. 그곳에서 업체 담당자를 만나서 영업 실적을 확인했다. 메르스의 영향으로 5월 이후로 매출이 하락하고 있었지만 괜찮은 실적이었다. 나중에 확인해보니 메르스 말고도 전반적인 매장 관리가 부실해서 매출이 하락하는 원인이 되었다.

이곳 매장은 커피 전문점 중에서도 넓은 편에 속해서 주변에 다른 커피전문점이 들어오기가 어려울 것 같았다. 실제로도 주변에 작은 커피 전문점 두 곳 밖에 없어서 경쟁 관계는 걱정하지 않아도 되는 환경이었다.

'내 매장 하나 얻기도 참 힘들다.'에서 이제는 선택의 갈림길에 섰다. 당초에 원했던 아이스크림 전문점도 있고, 생각지도 않았던 커피 전문점도 있었다. 현재의 실적으로 보면 커피 전문점이 더 좋았으나, 경쟁이 없는 시장이라는 관점에서 보면 아이스크림 전문점이 더 좋았다.

선택의 갈림길에서 어떻게 판단할지에 대한 일화가 있다. 20세기 초, 이탈리아 청년은 어느 날 선택의 갈림길에 섰다. '파리의 적십자사로 전근하느냐? 디자이너 가게에서 일하느냐?'

그는 긴 망설임 끝에 동전을 던져서 결정한 대로 디자이너 가게로 가게 되었다. 패션계에 발을 들이게 된 그는 곧 재능을 인정받아 당대 최고의 디자이너 디오르(Dior) 밑에서 일을 하게 되었다. 시간이 지나 디올이 죽고 후계자로 지명된 그는 '회사에 남을 것인가? 독립을 할 것인가?'로 고민을 하다가 또다시 동전을 던져서 결정한 대로 독립을 하게 되고, 자신의 이름을 내건 브랜드를 만들게 된다.

우리는 지금 그 브랜드를 '피에르 가르뎅'이라고 부른다. 기자의 질문에 피에르 가르뎅은 말한다. "동전 던지기가 좋은 선택을 하도록 한 게 아닙니다. 어떤 선택이든 일단 결정한 후엔 믿음을 갖고 밀고 나간 것뿐이니까요."

커피를 전혀 모르는 내가 '커피 전문점을 할 수 있을까?'를 고민하다가 결국은 애초 생각과는 다르게 커피 전문점을 선택했다. 현재 실적도 괜찮았지만, 무엇보다 집에서 가까운 곳이라 마음이 더 편안함을 느꼈다. 매출이 내림세에 있지만 운영하기 나름이라고 생각했다.

'피에르 가르뎅'이 어떤 일에 대한 선택보다도 결정한 후의 믿음과 실천력을 더 중요하게 생각했던 것처럼, 나도 커피 전문점을 선택한 이상 뒤돌아보지 않고 나아가기로 마음을 굳혔다. 그렇게 결정된 커피 전문점은 11월 초에 '사업체 양도 · 양수 계약'을 체결했다.

이제 남은 절차는 프랜차이즈 본사에 '사업체 양도 · 양수 계약'에 대한 승인을 받고, 2주간의 가맹점주 교육 및 평가를 통과해야 하며, 건물임대인과 임대차계약을 갱신하고, 잔금을 지급하는 일만 남았다.

~~~~

벼랑 끝에서
신뢰가
가져다준 선물

2015년 11월 중순에 프랜차이즈 본사와 정식으로 가맹 계약을 맺었다. 양도인과 '사업체 양도·양수 계약' 체결 시 매출 자료 및 이에 상응하는 근거 자료의 사실성을 담보하기 위하여 '매출확인서'를 별도로 받았는데, 이날 프랜차이즈 본사와 가맹 계약을 할 때, 본사에서 매출액 및 재료비 비중을 다시 한 번 확인해주었기 때문에 안심하고 도장을 찍을 수 있었다. 가맹 계약을 맺고 나니 '이제 정말 시작이구나!' 하는 마음에 가슴이 두근거렸다.

가맹 계약 후 본사에서 '커피 아카데미 교육 과정'이 시작되었다. 교육 과정은 운영 실무 5일, 메뉴 실습 5일, 현장 실습 1일로 진행되었다.

'운영 실무' 과정에서는 커피에 대한 전반적인 이론을 배우는 커피학 개론, 세무 및 노무 교육, 마케팅 교육, 물류 교육, 고객 응대 교육, 인테리어 교육, 위생 교육 등이 진행되었다.

가장 중요한 '메뉴 실습' 과정에서는 에스프레소 머신 및 그라인더 사용법 교육, 에스프레소 추출 원리 및 실습, 최상의 커피 맛을 유지하기 위한 기기 관리 및 청소 교육, 아메리카노 등 음료류의 제조 및 시음, 베이커리류의 조리 및 시식이 이어졌다.

5일 내내 하루 종일 선 채로 메뉴 실습을 하다 보니 오후가 되면 다리가 뻐근했지만 에스프레소를 추출하고 음료를 만들어보는 과정이 앞으로 내가 해야 할 일이라고 생각하니 힘든 것은 잊고 더욱 집중하게 되었다.

'메뉴 실습' 중 가장 어렵고 숙련된 기술을 필요로 하는 것은 '우유 스티밍'이다. 에스프레소 머신의 스팀 노즐 끝부분을 우유 표면에 두고 공기를 유입시켜 거품이 만들어지면, 스팀 노즐을 안으로 넣어 공기의 유입을 막고 우유와 만들어놓은 거품이 잘 혼합되도록 해야 한다. 이렇게 하면 쫀득하고 풍부한 우유 거품이 만들어져서 고소한 우유 거품이 된다.

스팀 노즐 끝부분을 우유 표면에 가까이 두는 것이 핵심인데, 이것은 계속되는 연습을 통해서 감각을 익혀야 한다. 그렇지 않으면 음료의 균일성이 떨어져서 만들어진 음료에 편차가 발생하게 된다. 현장에서도 아르바이트생들이 가장 어려워하는 일이다.

'메뉴 실습' 과정까지 마치면 필기시험이 기다리고 있다. 커피 이론과 기기 관리, 메뉴 레시피 등이 출제되는데 70점 이상을 받아야 합격이다. 메뉴 레시피 비중이 압도적으로 높아서 모든 음료의 레시피를 암기해야 했는데, 용어가 낯설기도 하고 암기해야 할 분량이 차고 넘쳐서 매일 새벽 2~3시까지 레시피를 암기해야 했다.

시험에서 떨어지면 끝이기 때문에 '주경야독'으로 공부했다. 여태까지 살면서 이렇게 열심히 공부한 적이 없었다. 공부를 반복적으로 정말 많이 하면 헛구역질이 나온다는 걸 이때 처음 알았다.

시험 결과가 나왔다. 다행히 합격 기준점을 여유 있게 통과하였다. 이렇게 시험에 합격은 했지만 모든 음료의 레시피를 외우는 과정은 결코, 쉽지 않은 일이다. 그럼에도 불구하고 대부분의 예비 가맹점주들이 합격하는 것은, 이거 아니면 안 된다는 '간절함' 때문일 것이다.

평가 종료 후에는 마지막으로 실제 매장과 같은 본사 카페테리아에서 '현장 실습'을 받는다. 본사 직원들을 대상으로 한 현장 실습은 1일 과정으로 진행되는데, 시험 점수가 높을수록 인센티브 차원에서 현장 실습에 우선권이 주어진다.

교육 동기 중 다른 3명과 같이 선두권에 들어서 가장 먼저 현장 실습을 받고, 본사에서 진행한 '커피 아카데미 교육 과정'이 종료되었다. 본사의 이런 교육 시스템은 전문적인 지식이나 경험이 부족하더라도 매장 운영이 가능한 프랜차이즈의 장점이라고 할 수 있었다.

교육 종료 후에는 건물 임대인과 임대차계약을 갱신해야 했는데, '사업체 양도·양수 계약' 체결 시 특약사항으로 임대차계약 갱신 조건에 따라 일부는 양도인이 부담하는 부분도 있어서, 월세가 인상될 가능성이 큰 거 아닌가 하는 걱정이 앞섰다.

다행히 건물 임대인은 기존 계약 기간까지는 월세 인상 없이 계약을 갱신하겠다고 한다. 모든 일이 순조롭게 잘 풀려가고 있었다. 이제는 개업일까지 부족했던 레시피를 외우고, 또 외우고 하는 일상을 보내면 되었지만 한 가지 문제가 있었다. 개업일이 한 달도 채 남지 않았는데, 보유하고 있는 오피스텔이 팔리지 않는 것이다. 마진도 없이 분양가에 내놓아도 팔리지 않았다. 오피스텔을 처분해서 잔금도 지급해야 하고, 매장 임차보증금도 지급해야 하고, 여유 자금으로 비축도 해놓아야 하는데, 모든 게 물거품이 될 수도 있는 상황이었다. 부동산중개업소만 믿고 기다리기에는 시간이 너무 촉박했다.

고심 끝에 퇴직 전 회사의 주거래 은행 담당자를 찾아갔다. 은행의 일반적인 담보 대출 한도는 감정 가격의 60% 정도인데, 이렇게 일반적인 담보 대출을 받아서는 잔금을 지급하기도 부족해서 분양 가격만큼의 대출이 필요했다.

사정을 얘기하고 분양 가격에 해당하는 금액의 대출을 요청했다. 담보가 부족하니 설득할 수 있는 자료가 필요했는데, 현재의 영업 실적을 기본 데이터로 향후 3년간 예상 손익계산서를 만들어서 제출했다.

손익계산서는 실제 매출 자료를 기본으로 만들었기에 나름 신뢰할 수 있었지만, 담보가 매우 부족해서 은행 본점의 대출 승인을 받아야 했다. 그런데, 일반적인 은행의 생리는 맑은 날에는 우산을 씌워주고, 정작 우산이 필요한 비가 오는 날에는 우산을 치우기 마련이다.

여유가 있는 사람에게는 대출을 권유하고, 어려운 사람에게는 대출을 기피하는 것이다. 이는 신용대출에서 부실이 발생하면 대출 담당자의 인사고과에 영향을 미치기 때문이다.

이렇게 쉽지 않은 대출이었지만 은행 담당자는 본점의 승인을 받아보겠다고 했다. 1주일 정도면 가부가 결정되지 않을까 했는데 연락이 없었다. 먼저 연락해볼까 하다가 안 그래도 바쁜데 신경 쓰게 할 것 같아서 좀 더 기다려보기로 했다. 열흘쯤 지났을 때 원하는 조건대로 대출 승인이 되었다고 연락이 왔다.

또 한 고비를 넘겼다. 어려운 조건임에도 불구하고 이렇게 일이 잘 풀려도 되나 싶을 정도로 모든 것이 순조롭게 진행되고 있었다.

나중에 들은 얘기지만 본점에서는 '승인 불가'라고 했다고 한다. 은행 담당자인 부지점장은 "우리 지점의 우수 거래처에 임원으로 재직하던 분이고 내가 8년을 봐왔다. 믿을 수 있는 사장님이다. 내가 책임지겠다."라고 했다고 한다. '참 어려운 과정이었구나.'라고 생각하니 전율이 느껴졌다. 동시에 내가 누군가에게 믿음을 주는 사람이라는 사실에 스스로에게도 감사했다.

은행원 시절 전무님과 같이 일하면서 쌓은 신뢰가 재기의 발판이 되었고, 퇴직 전 주거래 은행의 부지점장과는 거래 관계에서 쌓은 신뢰가 대출 승인의 원천이 된 것처럼, 결국 일이 제대로 진행되기 위해서는 신뢰할 수 있느냐가 관건이다.

내 경험으로 보면 누구든 현재 위치에서 최선을 다하다 보면 신뢰할 수 있는 사람으로 각인되어 중요한 순간에 빛을 발하게 될 것이다. 사회는 혼자서 살아가는 세상이 아니다. 도움을 주고받으며 살아가는 세상인 것이다. 내가 다른 사람에게 도움을 받은 것처럼, 나도 누군가에게 도움이 되는 사람이 되겠다고, 세상에 보탬이 되는 사람이 되겠다고 다시 한번 다짐한다.

비 올 때 우산이 되어주었던 대출은 후에 대출금 전액을 상환하여 부지점장이 보여준 신뢰에 폐를 끼치지 않게 되었다.

03

일이 재미있다면
당신의 선택이
옳은 것이다

2015년 12월 18일, 카페를 인수하여 오픈하였다.

첫 직장이었던 은행이 카페에서 걸어가면 12분 거리에 있었다. 이런 우연이 또 있을까? 무려 30년 만에 첫 직장의 추억이 있는 곳에서 카페를 하게 된 것이다.

예전에는 은행이 2층 건물이었지만, 지금은 고층 빌딩으로 바뀌어 발뒤꿈치를 들면 은행 건물이 보이고 아직도 그 자리에서 영업 중이다. 스무 살 때 근무했던 은행을 바라보고 있으니, 은행 다닐 때의 기억이 새록새록 솟아나서 새롭게 시작하는 카페에 활기찬 기운이 보태졌다. 스무 살의 내가, 쉰 살의 나에게 잘하라고 응원을 해주는 것 같았다.

오픈 전에 인수할 매장에 출근하여 이틀 정도 근무하면서 음료도 만들어보고, 카페 분위기도 익혔지만 아직은 모든 게 낯설기만 하다.

오픈 당일에는 본사에서 인력을 지원해주어서, 주문을 받고 음료를 만들고 하는 일에 어려움이 없었다. 다음 날부터가 본격적인 시작이었다. 본사 지원 인력도 떠나고 이제는 내 책임 하에 알바생과 카페를 운영해야 했다. 다행히 기존 알바생들은 모두 카페 일에 숙련되어 있었고, 한 명도 예외 없이 그대로 고용 승계하여 카페를 운영하는 데 별문제가 없었다. 알바생보다는 오히려 내가 문제였다. 올바른 음료 제조를 위하여 레시피를 일일이 확인하느라고, 음료 제조가 서툴고 속도가 나지 않았다.

그렇게 암기하고 암기했던 레시피가 현장에서는 잘 적용이 되지 않았다. 암기는 암기일 뿐이고, 현장은 현장이었다.

오전 시간대는 한가한 편이라 혼자서 근무해야 했는데, 아직은 모든 게 낯설어서 혼자서는 도저히 근무할 엄두가 나지 않았다. 익숙해질 때까지 당분간은 알바생과 같이 근무하기로 했다.

다행히 카페 일에 점차 적응되면서, 한 달여 만에 오전 시간대는 혼자서 근무할 수 있게 되었다. 오전 시간에 단독 근무가 안정화되면서 가장 먼저 한 일은 오픈 시간을 앞당기는 일이었다. 창업 컨설팅 업체와 양도인이 공통으로 말하기를 "여기는 역세권이니까 오픈 시간을 앞당기면 출근 시간대 테이크아웃 매출을 확보할 수 있다."라고 말했기 때문이다. 머릿속으로 아무리 생각해봐야 답이 없었기 때문에 일단 해보기로 했다. 해보지도 않고 알 수는 없는 일이었다.

그렇게 해보자는 마음으로 09시에서 07시 30분으로 오픈 시간을 앞당겼다. 하지만 1주일이 지나도 아침 일찍부터 매장에 들리는 손님은 거의 없었다. 그렇게 한 달이 지나도 마찬가지였다. 오픈 시간을 앞당겨 근무시간만 늘어났을 뿐, 추가 매출로 연결되지 않으니 육체적인 피로도만 가중되었다.

결국, 한 달을 시행해보고 원점으로 회귀했다. '컨설팅 업체나 양도인이나 인수 가능성을 조금이라도 높이기 위해 그런 말을 한 것이 아닌가?' 하는 생각이 들었다. 아무튼 최종 결정은 내가 한 것이고, 시도해보고 결과를 확인했으니 후회는 없었다.

일반적으로 카페를 운영한다고 하면 카페에서 책을 읽으며 여유 있게 커피 한잔을 하는 모습이 그려질 것이다. 충분히 그려볼 수 있는 모습이고 그렇게 할 수 있는 물리적인 시간도 된다. 중요한 것은 매출이 안정적으로 유지되어야 한다. 매출이 부진하면 마음에 여유가 없어서 그런 시간을 온전히 즐길 수가 없다.

나도 카페 운영에 적응이 되고 매출이 안정되면서부터는 카페에 출근해서 오픈 준비를 끝내고 나면 책을 읽으며 여유 있게 커피 한잔을 할 수 있었고, 온전히 그 시간을 즐기며 행복함을 느꼈다.

그러나 매출이 안정되고 여유를 즐긴다고 해도 일 자체가 재미있어야 그 일을 오랫동안 할 수 있지 않을까 하는 생각이 든다. 직장 생활을 하든, 자영업을 하든, 일이 쉽고 어렵고를 떠나서 일 자체가 재미없다면 그 일을 오래하기가 어려울 것이다.

그런데 카페 일은 생각보다 정말 재미있다. 오픈한 지 6년이 지난 지금도 카페에서 하는 일이 재미있으니 내 적성에 맞는 일인 것 같다.

가장 재미있을 때는 주문이 밀려 있을 때이다. 나도 손이 빠른 편인데, 우리 카페의 알바생들은 대부분 다 손이 빨라서 주문이 밀려 있어도 금방금방 처리되곤 한다. 빠르게 제공되는 음료는 우리 카페 장점 중의 하나이다. 물론 음료는 정해진 레시피대로 만들어 맛 좋고, 질 좋은 음료가 제공되고 있다.

한번은 손님이 개인 블로그에 이런 글을 남겼다. "근데 여기 카페는 신기한 게 있어요. 매장은 넓은 편이고, 일하는 분은 1~2명인데 어떤 음료를 시켜도 엄청나게 빨리 나와요."

이렇게 카페 일이 재미있으려면 기본적으로 관리 업무를 소홀히 하면 안 된다. 아무리 손이 빨라도 손님이 주문한 음료의 재료가 떨어지면 소용이 없기 때문이다.

따라서 관리 업무 중에 가장 중요한 것이 재고 관리 업무이다. 발주는 품목별 재고 현황을 참조하여 1주일에 3번 진행하는데, 여기서 핵심은 품목별 적정 재고 파악이다. 품목별로 적정 재고 파악이 되어 있으면, 적정 재고에서 현재 보유 재고를 차감한 수량만큼만 발주하면 되기 때문이다.

이렇게 하지 않으면 재고 관리 실패로 인근 가맹점에 빌리러 가는 일이 발생하게 된다. 본인도 오픈 초기에 적정 재고 관리에 서툴러서 몇 차례 빌리러 간 적이 있었는데, 오줌싸개가 키 쓰고 소금을 얻으러 가는 것처럼 매우 창피했다.

또한 중요한 것이, 보유 중인 제품의 유통기한 관리이다. 유통기한이 지난 제품을 보관하고 있으면 15일 영업정지, 유통기한이 지난 제품을 판매하면 1개월 영업정지의 행정 처분이 내려지기 때문에 유통기한 관리는 굉장히 중요하다.

따라서 우리 매장은 '유통기한 점검표'를 만들어서 3개월마다 보유 중인 제품의 유통기한을 정기적으로 관리하고 있다. 이외에 근무자 개인 사정으로 근무시간이 변경될 때도 누가 하더라도 정형화된 업무 처리를 할 수 있도록 '오픈 점검표', '마감 점검표', '청소 점검표'를 활용하고 있다. 이처럼 관리 업무를 효율적으로 하기 위해서는 기본적으로 '업무별 점검표'를 만들어서 활용해야 한다. 장부가 없으면 관리 업무가 체계화될 수 없기 때문이다.

'업무별 점검표'는 누구에게 보이기 위한 것이 아니라, 매장에서 관리 업무를 효율적으로 수행하기 위한 것이므로, 보완사항을 수정하여 계속 업데이트해 나가야 한다.

카페의 오픈 시기와 관련된 질문이다. 카페는 1년 중 언제가 가장 성수기일까? 5~9월이 성수기이고, 그중에서도 7~8월이 극성수기이다. 반대로 겨울철인 11~2월은 비수기이다. 따라서 극성수기에 오픈하면 영업이익이 극대화되어 좋을 수도 있지만, 오픈 초기에는 음료 제조의 숙련도 등 여러 가지가 미흡하고 익숙하지 않은 상태이기 때문에, 카페 운영이 효율적이지 않아 고객에게 불편을 초래할 가능성이 크다. 그렇게 되면 안 좋은 이미지를 생성하게 되고 카페 운영에도 부정적인 영향을 준다.

따라서 가능하면 5월 이전에 오픈하여 경험을 축적하고 성수기를 맞이하는 오픈 전략이 필요하다. 그런 의미에서 12월에 오픈한 우리 매장의 경우도 오픈 시기가 괜찮았다고 생각한다. 본인도 오픈해서 어느 정도 숙련되기까지 3개월은 걸렸으니 말이다.

카페를 포함한 자영업자의 사업 준비와 관련된 질문이다. 최근 1년 이내에 사업을 시작한 자영업자가 현재 사업을 시작하기까지 걸린 준비 기간은 얼마나 되고, 애로사항은 무엇이었을까?

통계청이 발표한 2021년 8월 '비임금 근로 및 비경제활동인구 부가 조사 결과'에 따르면 최근 1년 이내에 사업을 시작한 자영업자가 현재 사업을 시작하기까지 걸린 준비 기간은 1~3개월 미만(49.9%), 3~6개월 미만(20.8%), 1년 이상(15.3%) 순으로 나타났다. 또한 사업 시작 시 가장 어려웠던 점은 사업자금 조달(29.8%), 사업정보 경영 노하우 습득(25.1%), 판매처 확보 및 홍보(20.1%) 순으로 나타났다.

본인도 10월부터 본격적으로 준비하여 12월에 오픈했으니 준비 기간이 3개월 미만이었다. 준비 기간이 너무 짧다고 볼 수도 있지만, 프랜차이즈 가맹점이기에 가능한 일이었다고 생각한다.

사업자금 조달의 어려움은 본인도 마찬가지로 겪었고, 나머지 사항은 프랜차이즈 가맹점으로 창업했기에 별 어려움이 없었다. 프랜차이즈 가맹점 창업이 능사는 아니지만, 초보자인 경우에는 프랜차이즈 가맹점 창업이 일반 창업보다는 안정적일 수 있으니 자영업을 염두에 두고 계시는 분은 참고하시기 바란다.

04

~~~~~~~~

넓게 보아야
객관적으로
볼 수 있다

지금은 코로나19로 어려움을 겪고 있지만, 내가 카페를 인수한 2015년 에는 '중동호흡기증후군(메르스)'의 여파로 자영업자들이 어려움을 겪었다. 나에게 카페를 매각한 양도인도 메르스로 인한 지속적인 매출 하락이 카페를 매각하게 된 원인이 되었을 것이다.

다행히 내가 카페를 인수한 12월에는 메르스가 종식되었고, 인수하고 나서 카페의 분위기도 바뀐 영향인지 첫 달인 12월의 매출은 예년의 매출을 회복하였고, 다음 해 1월부터는 전년 동월 대비 매출액이 지속해서 증가하였고, 극성수기도 7~8월에 그치는 것이 아니라 5~9월까지로 확대되었다. 이렇다 보니 매출액이 해마다 지속해서 증가하여 우리 매장의 2019년 매출액은 2015년 대비 약 121% 증가하였다.

우리 매장의 이러한 증가세와는 달리, 전체 프랜차이즈 매장의 지속적인 증가로 인한 경쟁 심화로 프랜차이즈 가맹점의 평균 매출액은 2015년을 고점으로 매년 감소하고 있다.

공정거래위원회, 정보공개서 등록자료에 의하면, 커피 프랜차이즈의 전체 매장 수는 2015년 12,515개에서 2019년 16,928개로 약 135% 증가하였다.

내가 속한 프랜차이즈의 가맹점도 2015년 1,577개에서 2019년 2,651개로 약 168% 증가하였다. 이렇게 매장 수가 증가하다 보니 커피 프랜차이즈 가맹점의 연평균 매출액은 2015년 174백만 원을 고점으로 매년 감소하여, 2018년에는 158백만 원으로 약 9% 감소하였다. 공정거래위원회의 자료와 비교해보니 우리 매장은 상당히 안정적으로 성장하고 있다는 것을 객관적으로 확인할 수 있었다.

우리 매장의 장점은 무엇일까? 어떠한 장점들이 고객을 꾸준히 끌어들이고 있는 것일까? 은행원 출신답게 친절해서일까? 아니다. 직장 생활에 있어서 성실함은 장점이라기보다는 기본이 되어야 하는 것처럼, 서비스업에 있어서 친절함은 장점이라기보다는 기본이 되어야 한다.

우리 매장의 장점은 첫째, 맛 좋은 에스프레소 추출을 위하여 추출 시간을 수시로 체크하고 있어 커피 맛이 좋다. 손님들 대부분은 커피 맛에 대하여 멘트가 없지만, 정말 단골손님들은 커피 맛에 대하여 종종 이야기한다. "여기 커피는 맛있는데 다른 매장에 가면 이런 맛이 안 나요."라며 같은 프랜차이즈인데 원두를 다른 것을 쓰냐고 묻기도 한다. 같은 브랜드의 프랜차이즈 가맹점에서 쓰는 원두는 똑같다. 뒤쪽에서 에스프레소 추출에 대하여 자세히 설명하겠지만, 맛있는 커피는 맛 좋은 에스프레소 추출을 바탕으로 만들어진다.

둘째, 질 좋은 음료를 빠르게 제공하고 있다. 손님들에게 최고의 서비스는 '질 좋은 음료를 빠르게 제공하는 것'이라고 생각한다. 특히 포장 주문을 하고 기다리는 손님들에게는 더욱 그렇다. 그렇게 하기 위해서는 음료 제조에 대한 숙련도가 담보되어야 함은 물론이다. 손님이 블로그에 남긴 글이 다시 생각난다. "근데 여기 카페는 신기한 게 있어요. 매장은 넓은 편이고, 일하는 분은 1~2명인데 어떤 음료를 시켜도 엄청나게 빨리 나와요."

셋째, 우리 매장은 깨끗하다. 특히 화장실이 깨끗하다. 어느 곳이나 화장실을 가보면 그 매장의 위생 상태를 알 수 있다. 화장실은 매장의 얼굴이다. 처음에 이곳 매장에 현장 답사를 왔을 때, 매장은 오픈한 지 1년 6개월 정도 되어서 깨끗했지만, 화장실 관리 상태를 보고 깜짝 놀랐다. 비눗갑에는 물이 흥건한 채, 거의 다 쓴 비누가 담겨 있었고, 손 닦을 종이

타월이 비치되어 있지 않아서 양변기 쪽에 있는 휴지로 닦았다. 화장실 세면대 밑바닥은 얼마나 청소를 안 했는지 묵은 때가 찌들어 있었고, 하수구 냄새도 올라오고 있었다.

메르스의 영향도 일부 있었겠지만 이렇게 관리가 안 되고 있으니 매출이 감소하고 있는 건 당연한 일인지도 모르겠다. 어쩌면 나에게는 다행이라는 생각이 들었다. 문제점을 발견했으니 시정하면 될 일이었다. 화장실의 문제점을 개선하자 손님들의 반응이 뜨거웠다.

넷째, 전국의 커피 전문점 중에서 이런 서비스를 하는 곳은 우리 매장밖에 없을 것으로 생각한다. 우리는 우리 매장을 찾아 주시는 손님들을 위하여 '캘리그라피 책갈피'를 제공하고 있다. 시간과 정성이 들어가는 '캘라그라피 책갈피'는 우리 매장을 찾아 주시는 손님들에게 소소한 감동을 드리는 우리만의 특별한 서비스이다.

전체 프랜차이즈 매장의 평균 매출액이 2015년을 고점으로 매년 감소하고 있음에도 불구하고, 우리 매장은 이러한 장점들로 인하여 매출액이 꾸준하게 증가할 수 있었다.

그런데 매출액도 중요하지만, 매출액보다 중요한 것이 순이익이다. 장사는 이윤을 남겨야 하는 데 도대체 얼마가 남는지는 알고 있어야 한다. 얼마를 벌었는지는 거창하게 손익계산서라고 할 것도 없이 매출액에서 차감되는 항목들만 제대로 반영해주면 된다.

우선 매출액에서 재료비를 차감한 것이 매출총이익이고, 매출총이익에서 인건비, 물건비를 차감한 것이 순이익이다.

재료비와 인건비, 물건비는 지출 명세서를 따로 정리하여 반영하면 되는데, 신용카드 수수료는 내가 지출하는 것이 아니고 수수료가 차감되고 입금되기에 별도로 신용카드 수수료를 계산하여 순이익에서 차감해야 한다. 신용카드 수수료는 카드사 홈페이지에 가맹점으로 로그인하여 '세무 신고용 매출 실적'에서 확인할 수 있다.

또 하나 유의할 점은 순이익에서 부가가치세도 차감해야 한다. 매출액 및 재료비 매입액에는 부가가치세가 포함되어 있는데, 내야 하는 부가가치세는 매출세액에서 매입세액을 차감하고 경감 · 공제세액을 차감하면 산출된다. 이는 거래하는 세무사 사무실에서 산출해주기 때문에, 산출 자료를 받아서 순이익에서 차감해주면 된다.

여기에 마지막으로 다음 해 5월에 내는 종합소득세를 차감하면 최종 순이익이 산출된다. 최소한 우리 매장에서 얼마를 팔면 얼마가 남는지는 알고 있어야 현 상황에 대한 객관적인 판단이 가능하고, 그렇게 함으로써 매장 운영에 효율을 기할 수 있다.

또한, 순이익이 산출되는 과정을 알아야 인수 창업 때에 컨설팅 업체에서 제공하는 순이익 산출표를 검증할 수 있다. 순이익 산출표 검증 시 위에서 언급한 신용카드 수수료와 부가가치세는 빠지지 않았는지 반드시 확인해보아야 한다.

인건비도 검증 대상이다. 순이익 규모를 늘리기 위해 알바생의 주휴수당과 퇴직금을 계산하지 않고 단순하게 시급으로만 계산하는 경우가 있어서, 주휴수당 대상의 알바생이 있는지 확인하고 검증해야 한다. 참고로 주휴수당 지급 대상이 되는 알바생이 1년 이상 근무하면 퇴직금을 지급해야 한다.

한편, 점주가 근무하지 않는 매장을 업계에서는 '오토 매장'이라고 부른다. 내가 인수한 매장도 점주가 일주일에 한 번 정도 근무를 했기에 '오토 매장'과 크게 다를 바가 없었다. '오토 매장'은 점주가 아무리 직원들이나 알바생에게 철저하게 교육을 한다고 해도, 관리가 어려운 게 사실이다.

혹자는 CCTV로 관리를 한다고 하는데, 언제까지나 CCTV를 보고 있을 수도 없는 일이고, CCTV로 관리를 하기 시작하면 내 인생이 아니고 직원들이나 알바생의 인생을 사는 것이다. 그들의 행동 하나하나에 안심하거나, 의심을 하는 등 좋았다가 나빴다가 하는 것이 어찌 내 인생을 사는 것이라고 할 수 있겠나? 그들의 행동에 매여 있는, 그들의 인생을 사는 것이다.

이런 매장에서 어떻게 장점을 계발하여 매출 증가로 연결하겠는가? 커피 전문점 창업을 생각한다면 성실함, 친절함이 기본이듯, 매장에 상주하여 근무하는 것이 기본이 되어야 한다. 인수한 우리 매장도 포스단말

기에 '지켜보고 있다.'라는 문구가 인수하기 전부터 붙어 있었는데, 미처 떼버릴 생각을 못 하고 있던 차에 알바생이 "사장님, 저 문구 떼면 안 될까요? 의심받는다는 생각에 기분이 별로예요."라는 말을 듣고 즉시 제거했다.

제대로 된 매장을 운영하고 싶다면 점주가 매장에 상주하면서 우리 매장의 장점을 계발하자. 우리 매장이 장점이 있고, 그 장점을 고객들이 알고 있다면 그 매장은 잘될 가능성이 크다. 나는 장점이라고 생각하는데 고객들은 그것을 모르고 있다면, 그것은 이미 장점이 아니고 평범함에 지나지 않는다. 자기 안에 갇힌 '우물 안 개구리'에서 벗어나야 한다. 밖에서 객관적으로 바라보아야 한다. 야구 선수도 경기장 안에서 볼 때보다, 관중석에서 볼 때 더 많은 것을 보고 더 많은 것을 느낀다고 한다.

안정된 매장 운영을 위하여 장점을 계발하려고 노력하자. 노력하지 않는 자에게는 기회조차 오지 않는다.

05

쓴소리해주는
고객이
고마운 고객이다

'군군신신부부자자' 공자의 『논어』 「안연편」에 나오는 말이다.

제나라 경공이 공자에게 정치에 관하여 묻자 공자가 대답하기를 "임금은 임금답고 신하는 신하답고 아버지는 아버지답고 아들은 아들다운 것입니다."라고 하였다.

여기에 '직직고고'를 추가하고 싶다. 직원은 직원다워야 하며, 고객은 고객다워야 한다. '직원이 직원답다.'라는 것은, 친절을 기본으로 질 좋은 음료를 빠르게 제공하는 것이다. 직원이 직원답다면 당연한 일인데도 고객으로부터 종종 칭찬을 받기도 하며, 직원이 직원답지 못하면 고객으로부터 쓴소리를 듣기도 한다.

직원이 직원다웠을 때 '고객의 소리'에 접수된 칭찬 사례이다.

"평소 라떼에 우유 많이 넣고 시나몬 가루 뿌려달라고 얘기하는데, 사장님과 직원분 모두 친절하게 응대해주세요. 오늘은 깜박하고 얘기를 안 했는데 직원분이 먼저 우유 많이 넣고 시나몬 가루 뿌려드릴까요? 하고 물어보더라고요. 늘 말할 때마다 미안했는데 알아봐주고 하니 기분도 좋아서, 여기 매장 자주 이용하려고요. 매장도 너무 깨끗하고 친절해서 추천하고 싶네요."

"부모님이랑 같이 방문했는데 부모님이 처음 오셔서인지 뭐는 어떻고 이 음료는 뭔지 질문을 엄청 많이 했습니다. 하나하나 대답해주시는데 '평소에 어른들이 오셔도 이렇게 친절하게 알려주시는구나.'라는 생각이 들었습니다. 어른들을 공경하고 귀 기울여 주시던 직원분 너무너무 칭찬합니다."

"자주는 아니지만, 종종 이용했던 매장인데, 오늘은 점심시간에 가서 빠르게 좀 만들어 달라고 부탁했습니다. 솔직히 점심시간이라 사람들이 몰려서 그렇게 말해도 똑같을 줄 알았어요. 근데 제가 간절해 보였는지 빠르게 만들어주시더라고요. 덕분에 점심시간 안에 회사에 들어왔습니다. 빨리 만들어줬다고 맛이 없었던 것도 아니고 항상 먹던 것처럼 맛있었습니다. 혼자 바쁘게 일하고 계셨던 직원분 감사해요."

이렇게 칭찬을 받으면 당사자도 좋지만, 당사자에게 이런 내용을 전달하는 나도 정말 기분이 좋다. 고객으로부터의 칭찬은 우리를 힘내게 하는 고마운 말씀이다.

다음은 직원이 직원답지 않았을 때 '고객의 소리'에 접수된 쓴소리 사례이다.

"최근에 새로 나온 눈꽃 빙수를 먹으러 왔는데, 빙수가 너무 지저분하게 나와서 만들어 주신 알바생에게 원래 이렇게 그릇에 묻히고 지저분하게 나오냐고 문의했더니, 조금 녹아서 그렇다고 한다. 진동벨이 울리자마자 갔는데 녹아서 그렇다는 것이 이해도 안 되고, 녹아서 그렇다면 그릇 바깥쪽을 한 번 닦아서 주면 되는 거 아닌가요? 다음 번 방문에는 성의 있게 나왔으면 합니다."

이 사연이 접수된 후에는 아무리 바빠도 눈꽃 빙수를 포함해서 손님에게 나갈 때, 최종적으로 한 번 더 점검한 후에 나가기로 했다. 덕분에 우리가 미흡했던 부분을 고쳐나갈 수 있었다.

"매장의 음악 소리가 너무 커서 불편하고, 음료 주문 때 한두 번은 괜찮으나, 알바생이 여러 차례 주문 내용을 되물어 불편하고, 그라인더가 포스기 바로 옆에 있어서 주문할 때 의사소통이 어렵습니다."

개선사항으로 주문을 받고 있을 때는 그라인더 사용을 자제하기로 했다. 주문을 받고 있을 때, 옆에서 그라인더를 사용하면 그라인더의 소음으로 문제가 되기 때문이다. 음악 소리는 앰프에 적정 볼륨을 표시하여 표시 선을 지키도록 했다.

"와플과 음료를 주문했는데, 와플이 딱 봐도 탄 거 같고, 맛에서도 느껴졌어요. 시간이 없어서 별 말없이 그냥 먹고 나왔지만 다른 손님에게도 저렇게 나갈까 싶어 말씀 드립니다."

오븐 복합기에 다른 베이커리를 조리한 즉시, 문제가 된 와플을 원래의 레시피대로 조리한 탓이다. 오븐 복합기는 이미 달구어진 상태이므로 원래의 조리 시간보다 단축해서 조리했어야 하는데, 근무자 간에 공유가 안 되어 실수의 원인이 되었다.

베이커리 조리 레시피에 이 부분 공유하여 문제의 원인을 제거하였다. 너그러운 마음으로 지적해주신 고객님께 감사했다.

이처럼 고객에게서 듣는 쓴소리는 때로는 고달프기도 하지만, 우리의 서비스를 한 단계 발전시키는 밑거름이 되기에 오히려 고마운 고객이라 할 수 있다.

반면에 가장 무서운 고객은 침묵하는 고객이다. 침묵하는 고객은 불만을 항변하기보다는, 발길을 끊는 방식으로 자신의 불만을 행동으로 표출하기에, 우리가 서비스를 개선할 여지도 주지 않는 정말 무서운 고객이다.

다음은 '고객은 고객다워야 한다.'라는 내용이다. '고객이 고객답다.'라는 것은, 다른 사람과 더불어 사는 데 필요한 공중예절을 지켜주시면 된다. 자신이 사용한 테이블을 엉망으로 해놓거나, 아이들이 카페 내부를 뛰어다니는데 내버려두거나, 큰소리로 통화를 하는 등의 공중예절에 어긋나는 행동을 지양해주시면 된다. 또한 직원이나 알바생이 나이가 어리다고 반말을 하는 등 함부로 대하는 것도 지양해주시면 된다.

고객이 고객다워서 기억에 남는 고객이 있다.

늘 혼자 오셔서 블루베리 베이글과 따뜻한 아메리카노를 주문하시는 연세가 지긋하신 노신사 고객분이 생각난다. 그분을 뵈면 인자하신 표정과 매너 있는 말투에 존경심이 우러나서, 나도 저렇게 나이 들어야겠다는 생각이 절로 든다.

어느 날엔 건강이 안 좋으신 듯, 불편한 몸으로 혼자 오셨는데, 걱정이 앞서서 내 마음도 편치 않았다. 그리고는 한참 만에 다시 오셨는데, 건강을 좀 회복하신 듯 혈색이 좋아 보이신다. 진심으로 다행이라는 생각이 들었고 다시 뵐 수 있어서 좋았다.

출근길에 빨간색 '벤츠 미니'를 타고 오셔서 아메리카노를 주문하시던 인천공항에서 근무하시는 고객님. 우리 카페와 스타벅스만 가신다고 한다. 같은 프랜차이즈의 다른 매장을 갔는데, 여기처럼 커피 맛이 좋지 않다고 하셨다. 해서 여기 아니면 다른 매장은 갈 엄두가 나지 않는다고 하시던 고객님. 이사를 해서 뵐 수가 없었는데 이후에 우리 매장에 두세 번 오셨다. 잠깐이라도 다시 뵙게 되어서 정말 반가웠다.

우리 카페에서 경찰공무원 시험공부를 하던 청년이 있었다. 첫 번째 도전에서는 실패했고, 두 번째 도전을 준비하는 중이라고 했다. 매일매일 참 열심히도 했다.

이제 시험이 일주일 남았다고 했다. 시험 날짜를 기억해두었다가 시험 전날, 음료를 서비스로 드리며 열심히 했으니 좋은 결과가 있을 것 같다고, 내일 시험 잘 보라고 했다.

한참 후에, 그 청년이 경찰이 되어서 왔다. 감사했다고 한다. 나는 내가 경찰공무원이 된 것처럼 기뻤다. 그 후에도 비번일 때도 오고, 여자친구도 데리고 오고, 올 때마다 반갑고 또 반가웠다.

반면에 고객이 고객답지 않아서 힘들게 하는 고객도 종종 있다. 가장 힘들게 하는 고객은 만취한 고객이다. 주문을 받을 때부터 반말은 기본이고, 만취한 상태여서 주문을 제대로 받기도 어렵다. 겨우 주문을 받아도 대화하는 목소리가 너무 커서 다른 손님들이 불편해한다. 강제로 내보낼 수도 없고 목소리 좀 낮춰달라고 해도 통제가 안 된다. 하도 힘들어서 만취한 고객은 주문을 받지 않고 내보내도 되냐고 본사에 문의하니, 그렇게 하면 안 된다고 한다.

그즈음 이틀 연속 힘들게 한 만취 고객 일행이 삼일 연속으로 왔다. 본사의 답변에도 불구하고 주문을 거절하고 내보냈다. 내가 강하게 나가니깐 기세에 눌렸는지 순순히 물러나간다. 그 뒤로 이 일행은 우리 매장에 오지 않았다.

자신이 사용한 테이블을 엉망으로 해놓는 고객들도 종종 있다.

빨대가 포장된 비닐을 잘게 잘라서 바닥에 흩뿌려놓고 가는 고객도 있고, 테이블이 연습장인 듯 볼펜으로 이곳저곳 낙서를 하고 가는 고객도 있고, 공부를 열심히 하는 것은 좋은데, 지우개로 무엇을 얼마나 지웠는지 테이블과 바닥을 온통 지우개 가루투성이로 만들고 가는 고객도 있다. 테이블에서 무엇을 잘랐는지 온통 칼자국이 난 테이블을 볼 때면 정말 한숨부터 나온다.

화장실 관련해서도 힘들게 하는 고객이 있다.

우리 매장 화장실은 가장 신경을 많이 쓰는 곳이기 때문에 항상 깨끗하다. 양변기에도 비데를 설치하고 정기적으로 관리를 받아서 청결함을 유지하고 있는데, 믿기지 않겠지만 대변을 양변기에 보지 않고 바닥에 본 고객도 있었다.

헛구역질이 나왔지만 서둘러 치워야 했기에 머뭇거릴 틈이 없었다.

또 한번은 양변기 주위가 온통 대변으로 더럽혀져서 있어서 경악할 수밖에 없었다. 일반적인 사고방식을 가진 사람이라면 도저히 이렇게까지 무자비한 짓을 할 수는 없었을 텐데, 정신이 이상한 사람이 왔다 갔나 싶을 정도였다.

양변기에 휴지를 있는 대로 집어넣어서 양변기가 막히는 일도 종종 발생한다. 자기 집에서는 절대로 이렇게 하지 않을 텐데, 휴지가 많은 정도가 아니라, 고의로 휴지를 있는 대로 집어넣어서 막히게 하는 것이다.

그리고 화장실에는 청소용품과 휴지를 넣어두는 공간이 있는데, 어느날 휴지와 락스 등의 세정제가 모두 없어졌다. 새것은 물론이고 사용 중이던 것까지 모두 가져간 것이다. 이미 벌어진 일을 속상해한다고 달라지는 건 없다. 이날 이후 같은 일을 방지하기 위하여 잠금장치를 설치했다.

이외에 전화 주문을 하고, 음료는 다 만들어진 상태인데 매장을 착각했다고 죄송하다고 하는 고객도 있고, 다른 사정이 생겨서 좀 있다 찾으러 오겠다고 하다가 결국은 안 오는 고객도 있고, 아예 전화도 없이 안 오는 고객도 있다. 주문량이 적으면 그나마 다행인데, 대량으로 주문을 하고 연락도 없는 일이 생기면 금전적인 피해도 있지만, 사람에 대한 신뢰가 무너져서 마음이 불편하다. 이후에는 전화로 주문을 하는 고객은 연락처를 받고 있지만, 사정이 생겨서 죄송하다고 하는데 변상받기도 어렵다.

이상에서 언급한 것처럼, 일부 '고객답지 않은 고객'들이 직원들을 힘들게 하는 것이고, 일부 '직원답지 않은 직원'들이 고객들을 불편하게 하는 것이다. 카페를 찾아주시는 고객 대부분은 '고객다운' 고객이고, 카페에서 일하는 직원 대부분도 '직원다운' 직원이다.

바라건대, '군군신신부부자자' 하듯 '직직고고' 하자.

각자의 위치에서, 제 역할을 다하면 질서 있는 세상이 만들어진다.

또한, '을'을 대하는 태도가 그 사람의 인품이다.

사람은 권력으로 존경받는 것이 아니라, 인품으로 존경받는다는 것을 명심하자.

06

빨리 가려면 혼자 가고,
멀리 가려면
같이 가라

"알바생을 포함하여 직원 관리가 제일 어렵고 힘들 것입니다."

본사에서 '커피 아카데미 교육 과정'을 받을 때, 본사 직원들이 공통으로 하는 말이었다. 연락도 없이 갑자기 안 나오는 친구도 있고, 일하는 것 자체가 수준 미달인 친구도 있고, 매장 물건에 손을 대는 등 간혹 손버릇이 안 좋은 친구도 있다는 것이다. 그때만 해도 대수롭지 않게 생각하였다. 사람 관리는 누구보다 전공 분야이기 때문에, 잘해낼 자신이 있었고 무엇보다 면접을 통하여 제대로 된 직원을 뽑으면 될 것이라는 생각이 들었기 때문이다.

인수 전 매장은 알바생 7명이 교대로 근무 중이었는데, 내가 매장을 인수하고 나서도 계속 근무하기로 해서 처음부터 알바생 관리에 어려움이 없었다.

알바생들 근무시간에 차례로 인사를 나누고 업무 숙련도 및 개인 성향 등을 파악했는데, 특별히 문제가 있어 보이는 알바생은 없었다.

오히려 알바생들 모두가 업무 숙련도가 높아서, 나보다 훨씬 안정감 있게 일을 하였다. 나는 경력은 일천했지만, 최근에 본사에서 교육을 받은 상태라 음료 제조 방법의 정확한 메뉴얼을 숙지하고 있어서, 알바생들과 상호 보완적인 관계가 되었다.

그렇게 6개월 동안은 그만두는 알바생이 없어서 매장은 안정적으로 운영되었고, 덕분에 나도 빠르게 적응하며 기존 알바생들의 숙련도를 추월하고 있었다. 그러나 6개월이 지나면서 기존 알바생들이 그만두기 시작하여 그해 12월까지 기존에 근무하던 알바생들은 학업, 졸업, 취업, 결혼 등의 이유로 모두 그만두었다.

내가 뽑은 것도 아니고, 매장을 인수하는 과정에서 고용 승계한 알바생들이었지만 지금 생각해봐도 누구 하나 부족함이 없이 모두가 뛰어난 인재들이었고, 스스럼없이 지내면서 인간적인 정도 느끼고 있었다.

매장을 인수하고 여러 가지 노력으로 매출 실적이 호전되었음에도 한가한 날은 있기 마련인데, 그런 날에도 "사장님, 우리 카페는 잘될 거예요. 걱정하지 마세요."라고 밝게 말해주던 주희. 취준생으로 걱정이 많았지만 결국 취업에 성공해서 우리 카페를 떠나갔다. 취업이 확정된 날 좋아하던 모습이 아직도 눈에 아른거린다.

우리 카페에서 손이 가장 빨랐던 서정이. 어쩌면 그렇게 빠를 수 있는지 정말 놀랐다. 서정이 역시 취업에 성공해서 우리 카페를 떠나갔지만, 집이 이사 가기 전까지는 우리 카페에 종종 들렀고, 회식이 있으면 참석해서 같이 즐겁게 지내기도 했다.

결혼식에 초대를 받았지만, 코로나19로 인해 최소한의 직원으로 카페를 운영하고 있어서 결혼식에 참석하지 못해서 미안했다.

직장 생활을 하면서 주말에만 근무했던 민정이. 회식할 때면 조용조용한 말투로 직장을 옮겨야 하는지에 대한 고민이 많았었는데, 개인 사정으로 그만두었다. 그 후에 어떻게 알았는지 내 생일날 늦은 저녁에 다소 수줍은 모습으로 케이크를 사 들고 카페에 왔다. 너무 뜻밖이었고, 정말 고마웠다. 마침 같이 근무하던 서정이가 생일 축하해야 한다며 케이크에 초를 꽂고, 사진을 찍어줘서 그때 사진을 보고 있으면 아직도 고마운 기억이 생생하다.

카페에서 일하는 알바생의 평균 근무 기간은 6개월 정도로, 기존 알바생이 그만두면 새로 채용해서 대부분 2개월은 지나야 숙련되기 때문에, 알바생이 자주 그만두게 되면 손님들에게 제공하는 음료의 질이 떨어지게 마련이다.

우리 매장도 기존의 숙련된 알바생이 그만둔 자리를, 새로운 알바생으로 채우는 과정은 쉽지 않았다. 새로 채용한 알바생이 카페 경력자일 때에는 어려울 게 없지만, 초보 수준일 때에는 가르치기가 여간 힘든 게 아니다. 레시피를 외울 것도 많고, '우유 스티밍' 등 기술적으로도 금방 할 수 없는 일들이 많기 때문이다.

어렵게 가르쳐놨는데 6개월도 안 되어 그만두면, 또 똑같은 절차를 반복해야 하는데, 이렇게 채용하고 교육하는 과정을 반복적으로 진행하다 보면 힘들어서 지치게 된다.

이제야 본사에서 했던 얘기가 실감이 났고, 이제부터 어려움이 시작된다고 생각하니 마음이 무거워졌다. 면접을 통해서 괜찮은 알바생을 뽑을 수 있다고 생각했었지만 같이 일해보지도 않고 면접만으로는 분별하기가 어려웠다.

괜찮을 것 같다는 생각에 채용했지만, 본인이 생각했던 것보다 어렵다고 스스로 그만두는 일도 종종 있었고, 가르치고 가르쳐도 같은 실수를 반복해서 손님들에게 불편을 초래하거나, 실력이 부족하면 레시피를 암기하는 등의 노력이 필요한데, 그런 노력도 없어서 같이 근무할 수 없는 경우도 많았다.

이렇게 매년 평균적으로 8명 정도의 알바생을 채용하고 교육하는 일이 반복되어 조금씩 지쳐가고 있을 때, 지금도 근무 중인 매니저를 채용하게 되었다.

처음에는 알바생으로 채용했지만, 같이 일을 하다 보니 일하는 숙련도가 그동안 근무했던 그 누구보다 뛰어났고, 성실함은 기본이고 마음 씀씀이도 좋았고, 책임감도 강했다. 사람은 같이 일을 해봐야 그 사람이 어떤 사람인지 알 수가 있는데, 같이 일해보니 우리 매장의 운영 책임자인 매니저로 근무하면 좋겠다는 확신이 들었다.

문제는 매니저도 안정된 직업군을 목표로 공부하는 중이라, '내가 불필요한 고민을 하게 하는 건 아닐까?'라는 생각도 들었지만, 카페를 매각한다는 생각은 해본 적도 없고 앞으로도 지속해서 운영할 생각이기에, 우리 매장의 매니저로 근무해줬으면 좋겠다는 생각을 전달했다. 물론, 매니저에게 더 좋은 일이 생기면 그렇게 해도 되니 부담 없이 결정해주면 좋겠다는 의견도 전달했다.

매니저도 나에 대한 신뢰가 있었는지, 얼마 후에 매니저로 근무하겠다는 의사를 전달해왔다. 그렇게 3개월 만에 알바생에서 매장의 운영 책임자인 매니저로 전환하였다.

그때까지 알바생만으로 매장을 운영하다 보니 알바생 교육부터 근무 일정 관리, 각종 기기 청소 및 관리, 소모품 교체, 재고 관리 및 발주 등 매장 운영에 대한 모든 일을 혼자서 처리해야 했는데, 매니저가 있으므로 인해 매장 운영에 대한 부담을 덜게 되었다.

첫째, 알바생 교육을 매니저에게 맡기면서 교육 지옥에서 벗어나게 되었다. 알바생에게 교육을 할 때 잘 따라오면 교육하는 보람도 있고, 발전하는 모습에 뿌듯하기도 하지만, 그렇지 않은 경우가 더 많다 보니 교육하는 것도 참 힘든 일이었다. 한편으로는 알바생 입장에서도 점주에게 배우는 것보다, 매니저에게 배우는 것이 긴장감이나 부담도 덜해서 오히려 더 잘 배우지 않을까 하는 생각도 들었다.

둘째, 그동안 내가 담당하던 오픈 업무를 매니저에게 인계하고 오픈 업무에서 벗어나게 되었다. 우리 매장의 오픈 업무는 09시부터 17시까지 8시간을 근무하는데, 점주인 나는 마감 근무자가 개인 사정으로 갑자기 못 나온다고 하면, 어쩔 수 없이 마감 시간까지 14시간을 근무한 적도 종종 있었다. 그러나 매니저가 오픈 시간을 전담하면서 이러한 상황에도 유연하게 대처할 수 있게 되었다.

셋째, 오픈 담당자의 업무 중에 가장 손이 많이 가는 게 제빙기 청소이다. 부품들을 일일이 분해하여 소독 및 세척하고, 제빙기 몸체를 소독 및 세척하고, 청소가 완료되면 분해된 부품들을 다시 조립하고, 최종적으로 얼음이 만들어지기까지 90분 정도 소요되는 일이다 보니, 청소할 때가 되면 늘 엄두가 나지 않는 일이었다.

나중에는 제빙기를 자동 청소 기능 등이 추가된 새로운 모델로 교체하면서, 청소 시간은 다소 줄었지만 그래도 1시간 이상은 투자해야 했기에 여전히 부담스러운 일이었다.

이외에도 오픈 담당자가 해야 할 소소한 일들을 매니저에게 인계하고 오픈 업무에서 벗어나, 내가 하고 싶었던 공부에 더 많은 시간을 할애하고, 집중하다 보니 확실히 더 만족한 삶이 되고 있었다. 매니저를 채용한 이후 삶의 질이 달라진 것이다.

우리 카페에 벌써 6년 차인 매니저를 그동안 지켜본 결과, 우리 매니저는 늘 새로운 일에 대한 호기심이 많아서, 시키지 않아도 늘 자기가 해보겠다고 한다.

여태껏 해오던 일도 빠뜨리지 않고 잘하지만, 여태까지 안 하던 새로운 일을 하는 것을 정말로 재미있어하는 것 같다.

그 일을 정말로 하고 싶어서 하겠다는 것인지, 책임감 때문에 할 수 없이 하겠다는 것인지, 그도 아니면 아예 빈말인지는, 말하는 사람의 표정과 태도와 말투에서 진심인지 아닌지를 알 수 있는데, 우리 매니저는 진심은 물론이거니와 새로운 일을 즐기는 것 같다.

회사 일도 기존에 하던 일을 답습해서 그대로 하는 경우가 다반사이고, 카페 일도 대부분 기존에 하던 방식대로, 하기 마련이지만 우리 매니저의 경우에는 깜짝깜짝 놀라게 하는 아이디어가 많다. 어떻게 이런 생각을 했을까 할 정도로 기존의 익숙한 방식에서 벗어나, 다른 차원의 효율적인 방법을 생각해낸다.

아이디어는 아무 생각이 없는데 갑자기 툭 튀어나오는 것이 아니다. 생각에 생각을 거듭하고 고민을 해야 '반짝' 하고 떠오르는 것이다. 누가

시키지도 않았는데 이렇게 아이디어를 내는 것을 보면, 평소에 '좀 더 효율적으로 할 수 있는 방법이 없을까?'라는 생각을 얼마나 많이 하는지 알 수 있다. 이렇게 적극적인 친구도 흔치가 않은데, 같이 일하게 되어 얼마나 다행이고, 얼마나 고마운지 그저 감사할 따름이다.

아프리카 속담에 "빨리 가려면 혼자 가고 멀리 가려면 같이 가라"는 말이 있다.

당장에 혼자서는 빨리 갈 수 있지만, 고난을 만나면 혼자서 헤쳐 나가기에는 어려움이 많아서, 다른 사람의 도움이 있어야 성공할 수 있다는 말이다. 나에게는 우리 매니저가 같이 가는 사람인 셈이다.

07
~~~~

커피가 아니라
공간을
팝니다

카페는 단순히 커피나 음료를 마시는 공간이 아니라, 고객이 공간 그 자체를 즐기며 편하게 머물다 갈 수 있어야 한다. 그래서 카페는 커피를 판다는 개념보다 종합 서비스인 공간을 판다고 생각한다. 이렇게 종합 서비스는 친절을 기본으로 질 좋은 음료와 편하게 머무를 수 있는 쾌적한 공간을 제공하는 것인데, 인수 전 매장은 그렇지 못했다.

오픈한 지 1년 6개월밖에 되지 않아서 매장은 깨끗했지만, 화장실이 문제였다. 앞서도 지적했듯이 눈에 띄지 않는 곳은 묵은 때가 찌들어 있었고, 손을 씻고 닦을 세정제와 종이타월도 없고, 양변기에 휴지를 비치하는 것도 미흡했다.

대충 훑어만 봐도 보이는데, 더구나 매장을 좋은 조건에 매각하기 위해서라도 청결을 유지해야 했을 텐데, 기본적인 관리가 전혀 안 되고 있다는 것을 한눈에 봐도 알 수 있었다.

양도인에게 화장실 청소에 관해서 물어보자 알바생 2명이 마감 업무를 하는데, 1명은 주방 마감을 하고, 1명은 매장과 화장실 청소를 한다고 했다.

다른 매장도 대부분 알바생이 마감 청소를 하지만, 여기 매장은 매장이 넓은 편이고 남녀 화장실도 각각 매장 내에 있어서 다른 매장과는 비교가 되지 않을 정도로 청소 여건이 좋지 않았다. 매장을 인수하면 화장실을 포함한 매장 청소에 대한 개선이 가장 먼저 해야 할 일로 머릿속에 자리매김하고 있었다.

2015년 12월 18일 매장을 인수하여 오픈을 하고 첫날부터 마감 청소를 점검했다.

청소를 담당하는 알바생이 늘 하던 대로 30여 분 정도 걸려서 청소가 끝났는데, 진공청소기 등 변변한 청소도구 없이 빗자루에 의존하다 보니 청소 상태가 마음에 들지 않았다. 화장실도 락스 등의 세정제 없이 대충 마무리하다 보니, 지금의 상태에 이른 것이다. 아무리 생각해도 기존의 알바생에 의존한 청소 방식은 아니었다. 알바생은 알바생대로 청소하는 게 힘들어서 하기 싫은 일이었고, 나는 나대로 청소하는 방법도, 청소가 끝난 상태도 마음에 들지 않았다.

생각 끝에 인건비가 더 들더라도 청소만 전담으로 할 인력을 채용하기로 했다. 채용 공고를 내고 얼마 지나지 않아 인복이 있었는지 정말 청소를 본업으로 하는 이모님을 채용하게 되었다. 우리 카페 청소를 아침 일찍 끝내고, 본업인 직장으로 출근하면 시간이 맞아서 알바하기 딱 좋다고 했다.

이모님은 2016년 1월 1일부터 근무하기로 했는데, 화장실을 이 상태로 맡기기에는 죄송하기도 하고, 화장실 청소가 너무 힘들 것 같아서 새해가 되기 전에 전문 청소업체를 불렀다. 전문 청소업체에서도 화장실의 찌든 때를 제거하는 데 전문 장비를 사용하고도 3시간 이상이 소요되었다.

다음으로 방역 전문 업체와 해충방제 서비스 계약을 맺어 해충의 유입을 차단하였고, 항균 안전 서비스 계약을 맺어 자동 분사되는 공기 방향 탈취기를 설치하고, 자동 손 세정기를 설치하였다. 또한 양변기에 휴지걸이를 1개에서 3개로 늘렸고, 손을 닦을 수 있게 타월 디스펜서도 2개씩 설치하였다. 이제는 이 상태로 관리만 잘하면 계속해서 쾌적한 공간이 유지될 수 있었다.

2016년 1월 1일, 우리 카페의 매장 환경도 변화하기 시작했다. 전문가는 정말 전문가다웠다. 청소에 필요한 도구는 이모님이 요청한 목록대로 모두 갖춰져서, 종전에 빗자루에 의존한 청소와는 차원이 달랐다. 테이블과 의자 하나하나를 닦고, 진공청소기와 마포 걸레로 매장 청소를 하고, 락스 등 세정제를 이용해서 세면대와 변기 청소를 하고, 세면대 밑 안 보이는 공간까지도 마포 걸레로 닦았다.

하루에 1시간만 청소하는 조건으로 시급을 드렸는데, 처음에는 1시간이 넘어도 청소가 끝나지 않아, 여기까지만 하고 가시라고 해도, 본인이 하던 일이니 마치고 가겠다고 꼭 마무리하고 가신다. 이렇게 내 일처럼, 해주시는 이모님 덕분에 화장실을 포함한 매장은 누가 보더라도 정말 깨끗한 공간이 되어 있었다.

문제점을 개선하자 손님들의 반응이 뜨거웠다. 음료 컵을 반납하고 가시면서, 매장이 깨끗해서 좋다고 말씀해주시고, 화장실이 너무 깨끗해졌다고 칭찬해주시는 손님들도 많았고, 어떤 손님은 우리 집 안방보다 깨끗해서 정말 좋다고 하신다. 우리 카페를 이용하는데 이렇게 기분 좋게 이용했다는 말씀을 들으니, 뿌듯한 마음이 들었다.

화장실 관련해서 본사 '고객의 소리'에 접수된 사연이 있다.

"여기 매장은 깨끗해서 정말 좋아요. 특히 화장실 관리는 엄청나게 잘하시는 듯해요. 화장실 결벽증 있는 친구도 이곳은 편하게 다녀요. 가본 곳, 모든 곳을 통틀어서 제일 깨끗한 카페라고 단언할 수 있어요. 가게가

깔끔하니 가면 기분 좋아집니다. 항상 청결 지켜주세요."

매장 내 공간의 문제점을 해결하고 나니, 이번에는 매장 밖의 상황도 신경이 쓰였다. 카페 건물 담벼락 주변에 담배꽁초와 각종 쓰레기가 얼마나 쌓여 있는지 청소할 엄두가 나지 않았다. 더구나 주차된 차량으로 인해 깨끗이 청소하기도 어려웠다. 이면도로는 청소 구역이 아니라고 환경미화원도 여기까지 청소해주지는 않았다.

차들이 빠지는 아침 일찍 청소해야 했다. 담배꽁초들이 말라비틀어지고 바닥에 굳어 있어서 잘 쓸리지도 않았다. 그렇게 3시간을 치우고 나니 깨끗해졌지만, 하루만 지나면 다시 지저분해졌다.

담배꽁초용 쓰레기통을 가져다 놓으면, 오히려 다른 쓰레기까지 마구 버려서 대안이 되지 못했다. CCTV를 설치하고 '쓰레기 무단투기 금지'를 부착해놓아도 소용이 없었다. 우리 매장의 음료컵도 있지만, 근처에 편의점이 있어서 도시락이나 컵라면, 음료 등을 먹다가 남기고 그냥 가버리는 탓에 남의 쓰레기까지 치워야 했다.

치워도 치워도 끝이 없는 게 청소라고 하지 않던가. 매일 꾸준히 치우는 수밖에 없었다. 오후에 한 번 치우고 영업 마감 시간에 한 번 치우고 하루에 두 번 치우기로 했다.

그런데, 어느 순간부터 우리가 청소하지 않았는데 담벼락 주변이 깨끗해져 있었다.

다음 날에도 또 다음 날에도 깨끗하기는 마찬가지였다.

그러던 중에 담벼락 주변을 청소하고 계시는 아주머니를 목격할 수 있었다. 이렇게 좋은 일을 하시는 분이 누구신가 궁금했었는데, 뵙게 되어 반갑기도 하고 고마운 마음에 얼른 음료를 준비해서 가져다드리며 감사함을 전했다.

아주머니는 매장 근처에 사시는데, 지나가다가 지저분해서 그냥 쉬엄쉬엄하는 거라고 아무렇지도 않게 말씀하신다. 좋은 일을 하는데, 좋은 일을 한다고 티를 내거나, 우쭐하지 않고 "그냥 하는 거다."라는 아주머니의 말씀에 나는 어땠는지 되돌아보고 반성하게 되었다.

아주머니의 영향으로 우리 매장에서 나오는 쓰레기도 좀 더 신경 써서 버리게 되었다. 기본적으로 다회용 컵 사용하기, 페트병의 라벨 등 각종 라벨은 제거해서 버리기, 병이나 플라스틱 용기 등은 세척해서 버리기, 빨대나 음료 뚜껑은 종류별로 모아서 버리기, 쓰레기봉투는 제한선 넘지 않고 묶어서 버리기 등을 시행하고 있다.

이렇게 매장의 안과 밖으로 쾌적한 공간 제공을 위하여 여러 사람이 노력하고 있을 때, 2017년 5월 19일부터 식품의약품안전처 주관으로 '음식점 위생 등급제'가 시행 되었다. 음식점 위생 수준 평가 및 공개를 통하여 소비자 선택권 보장 및 식중독 예방을 위하여 일반음식점, 휴게음식점, 제과점 영업자를 대상으로 한 위생 우수 음식점의 인증 제도인 셈이었다.

우리 카페는 휴게음식점으로 등록되어 있어서 인증 대상이었지만, 시행 초기에는 본 제도에 대해서 잘 몰랐었고, 알고 난 뒤에는 '내가 깨끗하게 관리를 잘하면 되지 굳이 인증까지 받을 필요가 있나?'라고 생각했다.

그러다가 어느 음식점에 갔는데, 입구에 '음식점 위생등급 매우 우수' 표지판이 붙어 있는 것을 보고, 첫 느낌에도 신뢰감이 들었다. 내가 잘하는 것도 중요하지만, 객관적으로 주관 부처에서 인정받으면 대외적으로 신뢰감을 높일 수 있다는 것을 다시금 깨달았다. 여태껏 자기 자만에 빠진 '우물 안 개구리'였던 것이다.

신청 절차에 따라 평가기준표에 의한 자체 평가를 실시하였다.

평가기준표에 의하면 매장, 주방, 화장실 등 모든 공간을 평가항목에 따라 세밀하게 점검하고 에어컨, 온풍기, 냉장고, 냉동고, 제빙기 등 모든 기기의 내부와 외부를 점검하고 식품의 유통기한 준수 및 적법한 보관 여부, 종사자의 건강검진 기록 등을 점검하게 되어 있었다.

기본 분야와 일반 분야, 공통 분야까지 총 64개 항목에 대하여 점검하다 보니, 생각지도 못한 곳까지 관리해야 한다는 것과 관리 방법까지 알게 되었다. 이번 자체 평가를 계기로 매장 관리 기법이 한 단계 더 발전하는 계기가 되었다.

자체 평가를 마치고 미흡한 곳을 보완하여 2020년 8월 5일 '음식점 위생등급' 평가를 신청하였고 2020년 9월 29일 현장 실사 후에 2020년 10월 6일 '음식점 위생등급'이 지정되었다. 위생등급은 평가점수에 따라 '매우 우수', '우수', '좋음'의 3단계로 지정되는데, 우리 매장은 최고 등급인 '매우 우수'로 지정되었다. '매우 우수'로 지정된 사실은 우리 매장 출입구에 등급제 지정 표지판으로 부착되어 있는데, 최고 등급 표시인 별 3개와 함께 '매우 우수'라고 적혀 있다.

'음식점 위생등급'의 유효기간은 2년으로, 2년마다 재평가를 받아서 갱신해야 하며 관할구청 위생과에서는 평가항목들이 잘 지켜지는지 중간점검을 별도로 시행하기 때문에 매장이 깨끗하게 관리될 수밖에 없다.

음식점을 운영하시는 자영업자분들은 깨끗한 매장을 위하여 '음식점 위생등급'을 꼭 신청하시기 바란다. 신청에 앞서 자체평가를 하게 되는데, 이 과정을 통하여 매장의 위생관리에 대하여 정말 많은 것을 느낄 것이고, 많은 것을 배울 것이다.

손님들은 '음식점 위생등급'이 지정된 매장은 안심하고 이용해도 된다. 특히 '매우 우수'로 지정된 매장은 엄격한 심사를 통과한 정말로 깨끗한 매장이라고 말씀드리고 싶다. 출입구에서 '음식점 위생등급' 표지판을 확인하세요!

08

~~~~~~~

커피
맛의
비밀

커피가 아니라 공간을 판다는 개념은 기본적으로 커피 맛이 좋다는 가정하에서다.

커피 맛이 별로인데, 공간만 깨끗하다고 편하게 머물 수는 없기 때문이다.

그런데, 커피 맛이 좋아지려면 어떻게 해야 할까?

맛과 향이 좋은 커피는 질 좋은 에스프레소가 추출되어야 하는데, 이는 숙련된 기술을 필요로 한다.

스타벅스 회장인 하워드 슐츠는 그의 저서 『온워드』에서 에스프레소 추출의 숙련도를 높이기 위해 스타벅스에서 시행했던 사례를 소개하고 있다.

2008년 2월 26일 화요일 오후, 스타벅스는 미국 내 모든 매장의 문을 3시간 동안 닫았다. 굳게 잠긴 7,100개의 매장 문 앞에는 한 장의 메모를 붙여두었다.

"우리는 고객 여러분께 최상의 에스프레소를 선사하기 위해 잠시 시간을 갖고자 합니다. 완벽한 맛과 크레마를 가진 에스프레소는 숙련된 기술을 필요로 합니다. 그래서 우리는 지금 그 기술을 갈고 닦는 데 전념하려고 합니다. 부디 양해해주십시오."

스타벅스는 13만 5천 명의 바리스타들 모두가 완벽한 에스프레소를 만들어낼 수 있도록, 단시간 내에 재교육시킬 방법으로 매장의 문을 닫은 것이다.

예상했던 대로 스타벅스는 이로 인해 600만 달러에 달하는 손실을 보았지만, 그날 이후 불과 몇 주가 지나지 않아 스타벅스의 커피 맛에 대한 평가가 수직으로 상승했다. 결과적으로 볼 때, 매장을 닫았던 행사는 바리스타들에게 일종의 충격 요법이었고, 다시 한번 커피에 대한 애정과 신뢰를 각인시킨 계기가 된 것이다.

이러한 행사는 한국에서도 진행되었고 한국의 스타벅스 233개 전 매장에도 다음과 같은 공지가 붙었다.

"저희 매장은 2008년 3월 23일 일요일 오전 6시부터 오전 9시까지 3시간 동안 스타벅스의 전세계 Espresso Excellence Training에 참여하기 위해 잠시 영업을 중단합니다."

손님이 보기에는 매장에서 에스프레소를 간단하게 추출하는 것 같지만 에스프레소 한 잔을 추출하는 데도 체크해야 할 사항이 많다.

질 좋은 에스프레소를 추출하기 위해서는 분쇄된 원두의 굵기와 원두의 투입량, 분쇄된 원두를 다지는 탬핑의 강도가 균일해야 한다.

분쇄된 원두가 너무 굵거나 원두의 투입량이 정량보다 적으면 물이 커피 층을 통과하는 시간이 빨라져서 향이 약하고 농도가 묽어서 싱거운 에스프레소가 되고, 반대로 분쇄된 원두가 너무 가늘거나 원두의 투입량이 정량보다 많으면 물이 커피 층을 통과하는 시간이 느려져서 쓴맛이 강한 에스프레소가 된다.

분쇄된 원두의 굵기와 원두의 투입량은 원두를 분쇄할 때 그라인더 날에서 발생하는 마찰열과 그라인더를 회전시키는 모터에서 발생하는 열에 의해서 영향을 받는다.

적정한 발열은 에스프레소 추출에 도움을 주지만 그라인더 온도가 너무 상승하면 에스프레소 추출에 부정적인 영향을 준다. 이외에도 겨울철

오전에 영하권 날씨도 그라인더 날과 원두의 온도를 떨어뜨려 에스프레소 추출에 지장을 준다.

또한, 그라인더 날은 마모가 진행되면 분쇄의 균일함이 떨어져서 에스프레소 추출 시간이 불안정해지는 원인이 된다. 그라인더 기종별로 날의 교체 주기가 다르므로, 우리 매장에서 사용 중인 그라인더의 날의 교체 주기를 파악해서 적정한 시점에 그라인더 날의 교체가 이루어지도록 해야 한다.

이러한 원인으로 에스프레소가 빠르게 추출되는 경우, 우선 원두의 투입량이 적정한지 전자저울로 확인하고 투입량에 문제가 없으면, 분쇄되는 원두 굵기를 좀 더 가늘게 조절해야 한다. 반대로 에스프레소가 느리게 추출되는 경우, 마찬가지로 원두의 투입량이 적정한지 확인하고 투입량에 문제가 없으면, 원두 굵기를 좀 더 굵게 조절해야 한다. 이와 같이 에스프레소의 추출 시간을 수시로 확인해서 분쇄되는 원두의 굵기와, 원두의 투입량에 문제가 있으면, 그라인더의 설정 값을 조절해주어야 한다. 에스프레소의 적정 추출 시간은 25초~30초이다.

밥집은 기본적으로 밥이 맛있어야 하듯이, 카페는 기본적으로 커피가 맛있어야 한다. 그러기 위해서는 질 좋은 에스프레소가 추출되어야 한다.

커피 이외의 다른 음료는 본사에서 개발한 레시피대로만 하면 본사에서 요구하는 수준의 음료가 제조되지만, 질 좋은 에스프레소 추출은 가맹점에서 신경을 쓰지 않으면 방법이 없다. 에스프레소 추출이 얼마나 중요한지는 앞서 소개한 스타벅스의 사례에도 잘 나와 있다.

우리 카페의 본사에서도 질 좋은 에스프레소 추출을 독려하고 홍보하기 위하여, 매장에 음악 송출 시 "맛 좋은 에스프레소 추출을 위하여 정기적으로 추출 시간을 확인하고 있다."라는 방송을 정해진 시간에 내보내고 있다.

또한, 샷 추출 시 세 가지 약속과 분쇄된 원두의 적정 투입량을 스티커로 제작하여 에스프레소 머신에 붙여두고 수시로 확인하도록 독려하고 있다.

샷 추출 시, 세 가지 약속은 샷 추출 후 바로 사용하기, 추출 시간은 25초~30초 지키기, 크레마를 제외한 에스프레소 양은 샷 잔 표시 선까지 지키기이고, 분쇄된 원두의 적정 투입량은 1 샷은 8g±1g, 2 샷은 15g±1g이다.

에스프레소 추출이 이렇게 중요하고, 질 좋은 에스프레소를 추출하기 위해서 이렇게 확인해야 할 사항이 많다는 것은 본사의 '커피 아카데미 교육 과정'만으로는 알기가 어려웠다. 오픈 당시만 해도 에스프레소가 적정 시간에 추출이 되면 문제가 없는 것으로 알고 있어서, 에스프레소의 추출 시간을 확인하고 이상이 있으면, 원두의 굵기만 조절했을 뿐, 원두 투입량에 문제가 있다는 생각은 하지 못했다.

분쇄된 원두의 투입량은 그라인더에 설정된 값으로 분쇄되어 담기는데, 설정된 값이 변동이 없는데도, 여러 가지 원인으로 원두의 투입량이 달라질 수 있다는 것을 몰랐기 때문이다. 그라인더에 대한 이해가 부족했던 탓이고, 에스프레소 추출에 대한 지식도 부족했던 탓이다.

이러한 사실은 에스프레소 맛에 문제가 생기고 나서야 알게 되었다.

어느 순간부터 에스프레소 추출 시간에는 문제가 없는데, 아메리카노에서 탄 맛과 쓴맛이 났다. 원두 투입량이 문제였다는 것은 나중에 알게 되었다.

그라인더에서 분쇄된 원두가 설정된 값만큼 담겼는지는 전자저울로 확인해야 하는데, 우리 매장에는 전자저울이 없었다. 인수한 것도 없었고 필요성도 몰랐었기에 구매할 생각을 하지도 못했다.

지금이야 육안으로도 원두 투입량이 적정한지 알 수 있고, 이상하다 싶어 전자저울로 확인하면 정량이 아니어서 설정 값을 즉시 조절하기 때문에, 우리 매장의 커피 맛은 좋을 수밖에 없다고 자부한다.

스타벅스의 사례에서도 "완벽한 맛과 크레마를 가진 에스프레소는 숙련된 기술을 필요로 합니다."라고 언급했듯이 숙련되지 않고서는 질 좋은 에스프레소를 지속적으로 추출하기가 어렵다. 따라서 당연한 말이겠지만, 커피 맛의 비밀은 바리스타의 숙련도에 있는 것이다.

09

~~~

어려움을 극복하는
과정에서
능력이 커지는 것이다

매장을 원활하게 운영하기 위해서는 매장에 설치된 각종 기기에 대한 이해와 관리 요령에 대한 지식이 있어야 하는데, 카페를 처음 운영하다 보니 이러한 지식이 없어서 기기에 문제가 생겼을 때 영업에 지장을 초래하기도 했다.

카페라는 곳이 직원 관리, 매장 관리, 기기 관리 등 이렇게 신경 쓸 게 많다는 걸 알았다면 선뜻 시작하기 어려웠을 것이다. 지금 생각해도 모르니까 용감했다.

매장에 설치된 기기 중에 에스프레소 추출에 있어 가장 중요하고, 가장 신경을 많이 써야 하는 기기는 그라인더이다.

그라인더는 에스프레소를 추출하기 전 원두를 분쇄하고 분쇄된 원두의 적정량을 담아내는 기기로, 그라인딩을 완벽하게 하기 위해서는 그라인더의 작동법은 물론이고, 청소와 점검 등 관리 요령에 대한 지식이 필요하다. 이를 '그라인더 조절 능력'이라고 하는데, 오픈 초기만 해도 기본적인 사용법만 알고 있어서 문제 발생 시 대처가 어려웠다.

어떤 날은 그라인더 날이 헛돌아서 분쇄가 안 되는 적도 있었고, 어떤 날은 그라인더 청소 상태가 미흡해서 분쇄가 안 되는 적도 있었고, 또 어떤 날은 균일하게 분쇄되지 않아서 에스프레소 추출이 정상적으로 이루어지지 않는 날도 있었다.

이런 날은 A/S 처리 시까지 영업을 중단해야 했는데, 인수한 그라인더는 본사 제휴 업체가 아닌 소규모 업체에서 구매한 관계로 A/S에도 어려움이 많았다.

이렇게 1년에 3번 정도 영업 중단의 어려움을 겪고 나서야, 어느 정도 '그라인더 조절 능력'이 생겼다.

그라인더 날을 분해 청소할 때, 그라인더 날을 고정하고 있는 나사는 반드시 더 이상 돌아가지 않을 만큼 꽉 조여야 한다. 다음에 풀기 쉽게 하려고 느슨하게 조이면 그라인더 날이 헛도는 원인이 된다.

그라인더 날을 청소할 때는, 날 이외에도 원두가 분쇄되어 나오는 토출구도 청소해야 한다. 토출구가 막혀 있으면 분쇄가 안 되기 때문이다.

또한, 그라인더 날의 교체 주기도 파악해서 문제가 되기 전에 교체해야 한다. 그라인더 날이 마모가 진행되면 분쇄의 균일함이 떨어져서 에스프레소 추출 시간이 불안정해지는 원인이 되기 때문이다.

그런데, 아무리 '그라인더 조절 능력'이 있다고 해도 능력 밖의 문제가 발생하거나, 그라인더 자체의 문제이면 어찌할 방법이 없다. 이 점을 보완하기 위하여 기존에 쓰던 그라인더는 유사시에 대비하기 위하여 예비 그라인더로 보관하고, 본사 제휴 업체에서 정식으로 그라인더를 신품으로 구매하였다. 이후에는 현재까지 그라인더 문제로 영업을 중단한 적은 없었다. 그라인더 관리에 대한 경험도 축적되었고, 이제는 예비 그라인더를 보유하고 있기 때문이었다.

에스프레소 머신은 그라인더가 원두를 적정 굵기로 분쇄하고 적정량을 담아내면, 뜨거운 물과 압력을 가해 빠른 시간에 에스프레소를 추출해내는 기기이다. 커피가 생산과 가공, 로스팅과 블렌딩의 과정을 거쳐 한 잔의 에스프레소가 되는 것이다. 이때 그 압력과 온도는 에스프레소 맛과 향에 영향을 미치게 된다.

에스프레소 머신 역시 문제가 발생하면 영업을 중단할 수밖에 없는데, 우리 매장에서도 오픈하고 3년 차에 문제가 발생하였다. 보일러 내의 온수를 추출하는 온수 추출구에서 온수가 멈추지 않고 계속해서 흘러나왔다. 그렇게 한참을 흘러나오다 보니, 보일러 내의 온수가 다 흘러 나와서, 에스프레소 추출이 안 되는 상황까지 발생하여 영업을 중단하였다. 일과를 마친 저녁 시간이어서 그나마 다행이었고, 다음 날 아침 영업 개시 전에 A/S 처리가 완료되어 또 다행이었다.

이외에 에스프레소 머신은 특별한 문제없이 안정적으로 작동 중이다. 에스프레소 머신은, 그룹헤드 가스켓과, 샤워필터 등 기본적인 소모품 교체만 잘해주면 별다른 문제가 없는 기기이다.

오픈하고 8개월쯤 지났을 때 매장에서 화재가 발생했다.

오후 2시쯤 포스기 전원이 갑자기 꺼졌다. 별다른 생각 없이 전원을 다시 켰는데 연기가 나고 타는 냄새가 났다. 직감적으로 누전이라는 생각에 119에 즉각 화재 신고를 하고 소방관의 지시대로 메인 전원을 차단하였다.

연기는 점점 더 자욱해지는데, 발화 지점이 보이질 않았다. 발만 동동 구르고 있을 때, 소방차 1대와 4명의 소방관이 채 5분도 되기 전에 도착하였다. 도착하자마자 발화 지점을 찾아내고 2분이나 지났을까 했는데 진화가 끝났다. 발 빠르게 대처하며 화재를 진화하는 소방관들을 눈앞에서 지켜보는데, 정말로 신뢰감이 들었다. 감사하고 또 감사했다.

빠르게 출동하고 조기에 진화해주신 소방관분들 덕분에 큰불로 번지지 않아서 정말 다행이었지만, 그래도 화재 현장이었기에 진화가 끝난 매장은 대청소가 필요했다.

청소도 구석구석 다시 해야 했지만, 무엇보다 에스프레소 머신의 복구가 가장 시급했다. 전원선이 일부 소실되어, 작동이 되지 않았고 배수 호스도 일부 소실되어 교체를 해야 했다. 이밖에도 전기공사를 다시 해야 했고, 발화 지점을 찾기 위해 손상된 문짝들을 수리해야 했다. 다행히도 전기공사 업체와 에스프레소 머신 업체, 가구 업체의 담당자들은 당일 중으로 방문하여 원상복구가 완료되었다.

전기공사 업체 담당자에 의하면 전기를 많이 먹는 에스프레소 머신은 전원을 단독 구성해야 하는데, 콘센트를 같이 쓰다 보니 누전이 되었다고 했다. 처음에 전기공사를 할 때부터 화재의 위험이 있었던 것이다.

양도자가 원망스럽기도 했지만, 정말 이만하길 다행이었다. 낮이 아니고 모두가 퇴근한 밤에 이런 일이 벌어졌다면 어쩔 뻔했을까? 정말 상상도 하기 싫은 장면이 떠올라서 몸서리를 쳤다.

누전으로 수리가 필요했던 기기들은 밤 9시쯤 원상복구가 완료되었지만, 소화기 분말로 매장은 물론이고 주방의 모든 기기와 집기류를 일일이 닦아야 했기 때문에, 청소는 그때까지도 계속되고 있었고, 밤 11시쯤이 되어서야 청소까지 종료되었다.

다음 날 정상적으로 매장을 열었는데, 매장에는 아직도 매캐한 연기 냄새가 남아 있었고, 내 머릿속에서는 화재 당시의 잔상이 남아 있어서, 한동안 화재를 염려하는 트라우마를 겪었다.

주문을 받는 포스기 고장으로 영업을 중단한 적도 있었다. 그동안 포스기 문제로 여러 번 A/S를 받았는데, 오늘처럼 아예 작동이 안 된 적은 없었다. 사람들은 꼭 문제가 발생하고 나서야 후회를 하듯이 나도 마찬가지였다. 문제가 여러 번 발생했을 때, 미련을 버리고 과감하게 포스기를 교체했어야 했는데, 조금 더 써보자는 마음이 컸다.

그런데, 오늘은 평일이 아니고 우리 매장의 대목인 추석이었다.

급하게 A/S를 요청했지만, 명절인 관계로 최소한의 직원만 비상근무 중이어서 언제 가능할지 모르겠다는 답변이었다. 포스기가 안 되면 현금만 받을 수 있는데, 대부분이 카드 결제 손님이기 때문에, A/S 처리 시까지 부득이 영업을 중단할 수밖에 없었다.

2019년에 시즌 초반에 이정후 선수가 "올 시즌은 그냥 망했다고 생각하고 편하게 해."라는 아빠의 조언으로 슬럼프를 극복했듯이, 나도 오늘은 망했다고 편안하게 생각하기로 했다. 걱정하고 후회를 한다고 해결될 일이 아니었기 때문이다.

매장 출입문에 '금일 휴무'라고 안내문을 붙이고 언제 올지 모를 A/S 직원을 기다리기 시작했는데, 오늘은 망했다는 생각에 조바심 없이 편하게 기다릴 수 있었다.

기다린 지 1시간쯤 지났을 때 연락이 왔다. 마침 근처에 있어서 30분쯤 후에 도착한다는 전화였다. 언제 올지 모른다고 했는데, 이렇게 빨리 해결이 되나 싶은 마음에 나도 모르게 "와우!" 하고 환호성을 질렀다. A/S

처리가 끝나고 오전 11시부터 정상적으로 영업을 재개할 수 있었다. 이후에 포스기를 새 제품으로 교체한 건 물론이다.

　냉장고에 문제가 발생해도 영업 중단까지는 아니지만, 영업에 막대한 지장을 초래한다. 이번에는 냉장고의 전원이 꺼지는 문제가 발생하였다. 업체에서는 퓨즈 단선이 원인이라고 퓨즈를 교체하면 된다고 하는데, 전화 설명만으로 할 수가 없어서 A/S를 요청했다. 우유 등 냉장 보관이 필요한 재료를 급한 대로 일부만 냉장 쇼케이스에 보관하고, 나머지는 임시방편으로 집으로 옮겨놓아야 했다.

　A/S 처리가 끝나고 설명을 듣는데, 냉장고 모터에서 발생하는 열이 원인으로 퓨즈가 단선되었고, 이를 방지하기 위해서는 모터가 있는 기계실의 문을 조금 열어두고 사용해야 하며, 특히 여름에는 더욱 그렇게 해야 한다는 설명이다.

　퓨즈를 교체하는 요령을 듣고 보면서, 같은 문제가 생기면 이제는 자체적으로 처리할 수 있게 되었다.

　냉동고는 고장의 문제는 없지만 매년 성에를 제거해줘야 하는 번거로움이 있다. 성에 제거 시, 냉동고에 보관된 재료는 모두 빼낸 다음, 전원을 끄고 냉동고 문을 열어두면 3시간쯤 지나서 성에가 녹아떨어진다. 문제는 냉동고에 보관된 재료를 3시간 동안 밖에 두어야 하는데, 그래서 한겨울 가장 추운 날이 냉동고의 성에를 제거하는 데, 가장 좋은 날이다.

이외에도 방송 음향기기, 온수기, 제빙기, 냉장 쇼케이스 등 매장 내에 설치되어 있는 모든 기기는 한 번씩 문제를 일으켰고, 그때마다 관리 요령을 배우게 되었다. 문제가 발생하면 당장은 힘이 들지만, 처리 방법을 알게 됨으로써 점점 능력이 커지는 것이다.

문제가 발생한 기기에는 문제가 발생한 일자와 내용을, 라벨프린터기로 출력하여 해당 기기에 붙여두면, 기기 관리에 효율적이다. 그라인더 날 교체일, 그룹헤드 가스켓 교체일, 샤워필터 교체일, 정수기 필터 교체일 등 각종 소모품의 교체 일자도 라벨프린터기를 이용하여 교체 일을 표시해두면, 적정한 교체 일을 지나치지 않게 되어 효율적으로 기기를 관리할 수 있게 된다.

10

캘라그라피의
매력

카페를 운영하면서 TV 프로그램 중 〈서민 갑부〉를 즐겨 보게 되었다.
실패에 좌절하지 않고 꿋꿋하게 다시 일어서는 과정이 그려지고, 이른바
성공했음에도 초심을 잃지 않고 밤늦게까지 열심히 살아가는 모습을 보
며, 자칫 자만하는 나를 다잡게 해주었기 때문이다.

어느 날 인사동에서 도장 하나로 대박을 이룬 가게 편이 방송되었다.
고객의 취향에 따라 단 하나뿐인 맞춤형 도장을 만드는데, 도장 옆면까
지 빼곡하게 그려진 그림 디자인과 독특한 글씨체 덕분에 도장을 잘 사
용하지 않는 젊은이들에게도 큰 인기를 끌고 있었다.

서예가였던 대표는 생활고에 시달리다 수제 도장이라는 장르를 개척하여 대박을 이루게 된다는 내용이지만, 오늘 주목한 것은 전체적인 내용이 아니라, 도장의 글씨체였다. 서예를 전공하고 캘리그라피, 수제 도장 등 상업 서예의 경력이 있어서인지, 도장의 글씨체가 정말 아름다웠다.

나도 저렇게 아름다운 글씨체를 갖고 싶다는 생각이 들었다.

글씨체에 대하여 인터넷을 검색하던 중 캘리그라피가 눈에 들어왔고, 겨울방학이 되면 배우기로 계획을 세웠다. 그해에는 10월까지 이어진 극 성수기와 학과 공부로 시간이 참 빨리도 흘러가서, 금방 12월이 되고 겨울방학이 되었다.

겨울방학이 되자마자 미리 검색해둔 지역문화센터의 캘리그라피 강좌에 등록하였다. 평일 10시부터 21시까지 원하는 시간에 자유롭게 수강할 수 있었는데, 오전 시간대에 2시간씩 3개월 과정으로 수강하기로 하였다.

무엇을 배우든 기초를 배우는 과정은 인내가 있어야 하는 것 같다. 캘리그라피 수업도 처음에는 단순하게 선 긋기 수업만 1주일 내내 계속되어서, 너무너무 지루하고 재미가 없었지만, 기초를 다진다고 생각하고 묵묵히 선을 그었다.

2주 차에는 단순하게 선을 긋다가, 순간적으로 붓에 힘을 주어 선을 긋는 필압 조절 수업과, 선을 긋는 속도를 조절하는 속도 조절 수업까지 진행되었다. 이후에는 판본체 쓰기, 다양한 자음 쓰기, 글자 쓰기 등이 진행되면서 재미도 있었지만, 생각대로 잘 써지지 않아서 배우는 과정이 쉽지 않았다. 과정이 심화하면서 나만의 글씨체로 컵 받침, 엽서, 서화판, 접선 부채 등에 캘리그라피 작품을 시현하였고, 입문반의 3개월 수강 과정은 종료되었다.

캘리그라피는 '손으로 그린 문자'라는 뜻으로, 기계적인 표현이 아닌 손으로 쓴 아름답고 개성 있는 글자체를 의미하는데, 캘리그라피를 배우면서 원래의 내 글씨체에서 벗어나 나만의 캘리그라피체를 만들어가는 과정이 가장 어려웠다. 이후에는 나만의 캘리그라피체를 아름답게 쓰기 위한 연습이 계속되었다.

도서관에서 대여한 각종 캘리그라피 도서를 섭렵하고, 인터넷 영상도 참고하면서 매일 꾸준히 연습하였다.

3학년 새 학기가 시작되었어도 캘리그라피 연습은 계속되었다. 3개월이 지나도록 맹목적으로 캘리그라피 연습을 계속하다가 조심스럽게 '책갈피를 써보면 어떨까?' 하는 생각이 들었다. 생각은 더욱 발전해서 '캘리그라피 책갈피를 만들어서 원하는 손님들에게 증정품으로 드리면 어떨까?' 하는 생각에 이르렀다. 무엇이든 마음을 먹으면 실행에 옮기고 보는 성격이라, 그렇게 마음을 먹고 나자 빨리 실행해보고 싶은 생각에 마음이 급해졌다.

한편으로는 '내가 쓴 책갈피를 손님들이 좋아할까?', '외면하지는 않을까?', '괜히 시작했다가 실망만 하면 어떡하지?'라는 부정적인 생각이 올라오기도 했지만, 그럴 때마다 '그냥 해보는 거지 뭐. 편하게 생각하자.'라고 마음을 먹었다.

구체적으로 실행 단계에 들어갔다. 캘리그라피를 쓸 책갈피와, 책갈피에 끼울 끈, 캘리그라피용 전용 붓을 구매하였다. 가장 중요한 좋은 글귀는 대부분 그동안 읽었던 책에서 발췌하였다. 대략 50여 개의 좋은 글귀가 선정되었다. 실제로 책갈피에 글을 써보는 연습을 마지막으로 2018년 7월경 '책갈피 고객 증정 서비스'가 시작되었다.

우리 매장을 찾아 주시는 손님들을 위하여 1인당 1개씩 자유롭게 가져갈 수 있도록 비치해놓았다. 손님들은 처음 제공되는 서비스에 '이게 뭔가?' 하며, 머뭇거리다가 1개씩 가져갔다. 글씨체의 완성도가 아직 높지 않음에도 글귀 자체가 좋아서 가져가는 듯했다.

시간이 지나면서 처음 선택했던 책갈피가 점점 마음에 들지 않았다. 아무 그림이 없는 디자인도 그렇고, 16자 정도밖에 쓸 수 없어서, 쓰고 싶은 글귀를 쓰지 못하는 경우도 많았기 때문이다.

그렇게 4개월쯤 지나서 수채화 그림이 그려진 예쁜 책갈피가 있음을 알게 되었다. 글씨도 40자 정도를 쓸 수 있어서 글자 수의 한계로 그동안 쓰지 못했던 좋은 글귀를 추가할 수 있었다. 아울러 책갈피에 비닐 커버를 추가하여 책갈피의 질도 높였다.

책갈피의 크기를 개선하고, 좋은 글귀를 추가하다 보니, 쓸 수 있는 글귀는 처음의 50여 개에서 어느덧 100여 개까지 늘어났다. 또한, 책갈피를 실전에서 계속해서 쓰다 보니 글씨체는 점점 더 좋아졌다.

그즈음 연말에 본사에서 2018년 고객 만족 캠페인의 하나로, 고객님께 감동을 드리는 우리 매장만의 특별한 서비스에 대한 공모전이 진행되었다. 우리 매장도 '책갈피 증정 서비스'로 공모전에 응모하였다.

얼마 후, 본사의 담당 슈퍼바이저로부터 우리 매장이 예선을 통과하고 본선에 진출했다는 소식을 전해 들었다. 본선에서는 본사 직원들의 투표로 진행이 되는데 우리 매장의 서비스가 특별해서 수상이 기대된다는 말을 들었다.

결국, 우리 매장은 고객 감동 서비스를 제공하는 20개 매장 중의 한 곳으로 최종 선발되었다. 전국 2,400여 개 가맹점 중 20곳에 선정된 것이다.

그동안 손님들의 반응은 정말 좋았다. 책갈피 앞에서 한참을 머무르며 일일이 글귀 들을 다 읽어보고는 "글귀가 너무 좋아서 한참을 머물게 된다.", "오늘 기분이 우울했었는데, 덕분에 힘을 얻고 간다.", "마음의 안정을 되찾았다. 힐링하고 간다.", "글귀도 좋지만, 글씨체가 아주 마음에 든다.", "이거 인쇄한 건 줄 알았는데, 직접 쓰신 거냐? 너무 예쁘다."라고 말씀해주신다.

어떤 손님은 "글귀가 너무 좋아서 그냥 가져가기가 미안하다. 대가를 드리고 싶다. 얼마를 드리면 되냐?"라고 묻기도 했다. 물론, 그냥 가져가시라고 했다.

중년의 여자 손님들이 사장님도 아니고 "선생님 멋지다."라고 할 때는 좀 쑥스럽기도 하고, 뿌듯하기도 했다. 이런 손님들의 격려와 응원 덕분에 2년여 동안 1만여 개의 책갈피를 쓸 수 있었다.

한편 책갈피를 완성하기까지는 시간과 정성이 들어가는데, 우선 책갈피 끈을 알맞은 크기로 잘라서 책갈피에 끼우고, 책갈피에 글귀를 쓰고, 낙관을 찍고, 마지막으로 비닐 커버를 씌우는 공정으로 1주일에 한 번 2시간 정도의 시간이 소요된다.

이렇게 시간을 투자해서 하는 일인데, 고객답지 않은 고객으로 인해 책갈피를 쓰면서도 계속해야 하는지에 대한 고민이 생겼다.

1인당 1개씩만 가져가시라고 안내를 해도, 한꺼번에 10개 이상을 가져가시는 분도 종종 있었고, 직원의 눈길이 닿지 않을 때, 아예 모두 가져가는 일도 종종 있어서 마음이 불편했고 이런 일이 있을 때마다 의욕이 반감되었다.

어떻게 해야 할지 고민하던 차에, 이번에는 화장실에 붙여둔 좋은 글귀들이 모두 사라져버렸다. 화장실에 있는 것까지 누군가가 몽땅 가져간 것이다.

이번 일로 완전히 의욕이 상실되어 당분간 중단하기로 결정을 내렸다.

그렇게 한 달쯤 지나자, 다시 쓰고 싶다는 생각이 들었다. 가져간 사람들 때문에, 내가 좋아하는 일을 중단하는 것은 내 인생이 아니고, 그들의 인생이라는 생각이 들었다. 그들의 성숙하지 못한 행동으로 내가 좋아하는 일을 그만둔다는 것은, 그들에 의해서 영향을 받는 그들의 인생인 것이다.

문제는 한꺼번에 여러 개를 가져가는 일이 반복되지 않도록 하는 아이디어가 필요했고, 다음과 같은 생각을 할 수 있었다.

'1개만 무료 증정입니다. 1개를 초과하는 책갈피는 1개당 3천 원에 판매합니다.'라는 내용을 공지하였고, 화장실에는 좋은 글귀 하단에 '부탁드립니다. 가져가지 마세요.'라고 적어 넣었다. 이렇게 하자 화장실의 좋은 글귀는 없어지지 않았고, 책갈피는 1개씩만 가져갔으며, 어떤 손님은 10개를 구매하기도 하였다.

그러나, 책갈피를 다시 쓰기 시작한 지 6개월쯤 지났을 때, 이번에는 원인을 알 수 없는 어깨 통증으로 책갈피를 쓰는 일은 물론이고, 원두를 탬핑하고 머그잔을 닦는 일 등 기본적인 카페 일을 아무것도 할 수가 없었다. 어쩔 도리가 없이 '책갈피 증정 서비스'는 중단할 수밖에 없었다.

대안으로 눈으로만 보시라고 좋은 글귀를 코팅해서 전시만 해놓았다. 손님들이 많이 아쉬워하지만 사진 찍는 거로 대신하신다.

이후에 어깨 상태가 나아졌지만, 여전히 통증을 안고 있어서 조심스러운 마음에 지금은 연말연시에 한정해서 준비한 책갈피가 소진될 때까지 감사 이벤트로 진행하고 있다.

감사 이벤트로 진행할 때도 손님들은 여전히 너무나 좋아해주신다. '쌍따봉'을 보여주시며 최고라고 해주실 때면 무한한 긍지를 느낀다.

당신 참 애썼다

11

~~~~~~~~

책갈피
좋은 글
100選

1. 가슴이 쿵쾅대는 인생 목표를 정하면 삶의 군더더기를 확 줄일 수
   있다.

2. 가장 무서운 것은 하루하루 쌓여 생기는 힘이다.

3. 간절히 원해야 이루어진다.

4. 결심이 약하기 때문에 회의가 들고 마음이 흔들리는 것이다.

5. 겸손을 배우는 마음 '내가 잘났다'에서 '제가 부족합니다.'

6. 고독은 사람을 단련시킨다. 외로움을 피하려고 싫은 사람을 가까이
   두지 마라.

7. 과거에 연연해서는 앞으로 나아갈 수 없다.

8. 괴로움도 걱정도 단지 나쁜 습관에 지나지 않는다.

9. 국자는 아무리 국 속을 드나들어도 국 맛을 모른다.

10. 그만 걱정해라. 할 수 있는 일에 집중하자.

11. 긍정적인 사람은 한계가 없고, 부정적인 사람은 한 게 없다.

12. 꿈은 잠잘 때 꾸는 것이 아니라 잠 못 들게 하는 것이다.

13. 나의 가치는 내가 결정한다.

14. 나의 한계에 도전하는 것, 그것이 진정한 노력이다.

15. '난 원래 그래.' 변하지 않겠다는 핑계일 뿐 원래 그런 것은 없다.

16. 남을 지배하지 마라. 이끄는 것과 지배하는 것은 다르다.

17. 내가 말한 것은 실행에 옮기자.

18. 내가 허송세월 하고 있는 오늘은 누군가에게는 간절했던 내일이다.

19. 넘어진 것은 당신의 잘못이 아닐 수 있지만, 일어나지 않은 것은 당신의 잘못이다.

20. 노력하지 않는 자에게는 기회조차 오지 않는다.

21. 누구에게나 자기 삶을 바꿀 힘이 있다. '각오를 실천하라.'

22. 당신 참 애썼다. '토닥토닥'

23. 당신이 게으른 이유는 명확한 목표와 계획이 없기 때문이다.

24. 당신이 누군가를 정말 사랑하면 용기를 갖게 된다.

25. 당신이 편안한 이유는 내리막길을 걷고 있기 때문이다.

26. 당장의 만족감을 채우려고 잘못된 길로 빠지지 마라. '자제력을 키워라.'

27. 두려움이 패배를 만든다. 두려움을 떨쳐버려라.

28. 들은 것을 말하지 말고 생각한 것을 말하라.

29. 때론 슬픈 마음이 들어도 씩씩하게 살자.

30. 뚜렷한 목적을 갖고 사는 사람과 아무 목적도 없이 사는 사람이 같을 수는 없다.

31. 리더는 결과로 모든 것을 말하는 사람이다.

32. 마음속에 욕심이 불안을 만드는 것이다.

33. 마음에 분노가 많다는 것은 내가 옳다는 생각에 너무 치우쳐 있는 것입니다.

34. 모범을 보이는 것이 가장 효과적인 길이다.

35. 무언가에 불만이 있더라도 평정심을 되찾은 뒤에 표현하자.

36. 물은 절벽을 만나야 폭포가 된다.

37. 미래를 만들어나가는 데 능동적인 역할을 하는 것은 오롯이 당신의 몫이다.

38. 반성하자. 다시 하자. 나는 두렵지 않다.

39. 배는 항구에 있으면 안전하지만, 그것이 배의 존재 이유는 아니다.

40. 벗어나고 싶다면 달라져야 한다.

41. 변한다는 것은 삶의 습관을 바꾸는 것이다.

42. 불가능하다는 말은 도전하지 않는 자의 핑계일 뿐이다.

43. 빨리 가려면 혼자 가고 멀리 가려면 같이 가라.

44. 뿌리 깊은 나무는 바람에 흔들리지 않는다.

45. 사람들에게서 최선을 이끌어내는 방법은 인정과 격려입니다.

46. 사랑은 마주 보는 것이 아니라 같은 방향을 바라보는 것이다.

47. 사랑은 상대방에 대한 이해가 전제되어야 한다.

48. 사랑한다는 것은 위해 주는 것이다.

49. 삶에는 끝이 있어도 앎에는 끝이 없다.

50. 생각이 바뀌면 행동이 바뀐다.

51. 생활 태도는 검소하게, 사람을 대할 때는 겸손하게, 자기 마음은 들
    뜨지 않고 편안하게.

52. 성공의 조건. '인내와 지속성'

53. 세상에 실패란 없다. 포기할 때가 실패이다.

54. 세상은 칭찬만 받고 살기는 힘들다. 어느 정도 욕도 먹고 살아라.

55. 시도를 해야 앞으로 나아갈 수 있다.

56. 시키는 대로만 해서는 절대로 최고가 될 수 없다.

57. 신뢰는 아무런 조건 없이 믿는 것이다.

58. 아는 것을 실천해야 힘이다.

59. 아무것도 하지 않으면 아무것도 변하지 않는다.

60. 어려움을 극복하는 과정에서 능력이 커지는 것이다.

61. 어제와 똑같은 삶을 살면서 다른 삶을 기대하지 말라.

62. 열심히 했다는 말보다는 결과를 남기는 행동으로 증명하라.

63. 열정은 신념에 의해 뒷받침된다.

64. 오늘은 결코 다시 오지 않는다.

65. 오늘의 나는 어제까지의 내가 만들었다.

66. 욕심은 원하는 것의 크기의 문제가 아니라 그것을 행하는 태도에 달려 있다.

67. 용기는 두려움을 모르는 것이 아니라 두려움을 알지만 이겨내는 것이다.

68. 우리를 늙게 만들고 망하게 하는 것은 편안하고 익숙한 삶이다.

69. 이미 유쾌한 것처럼 말하고 행동하면 우울하거나 불쾌한 감정을 극복할 수 있다.

70. 익숙하고 편한 기존의 삶의 방식을 선택하기 때문에 변화할 수 없는 것이다.

71. 인간은 일어난 일보다는 그 일에 대한 자신의 생각 때문에 상처 입는다. '생각을 제어하라.'

72. 인내가 약한 사람은 삶에 있어서도 약한 사람이다. '참고 견디어라.'

73. 인생은 꼭 그 길만 있는 것은 아니다.

74. 인생은 속도가 아니라 방향이다.

75. 인생은 지금의 나보다 앞서나가야 하는 것이다.

76. 인생의 성공은 고난으로 점철된 흐린 날로 만들어진다.

77. 인생의 장애물을 만드는 장본인은 바로 자신이다.

78. 일 년에 두 번만 당신을 사랑합니다. '비 오는 날과 비가 오지 않는 날.'

79. 자기 관점에서 상대방을 고치려고 하니까 인생이 피곤하고 괴로운 것이다.

80. 자기 방식만 고집하는 불합리에서 탈피하자.

81. 자신의 능력에 선을 긋지 마라.

82. 좋은 리더는 어느 것이 옳으냐를 따지지만 나쁜 리더는 누가 옳으냐를 따진다.

83. 지겹고 힘든 노력의 과정을 잘 견뎌내야 하고 싶은 일을 할 수 있다.

84. 지금 누리고 있는 즐거움을 희생해야 변화할 수 있다.

85. 지속적인 발전이 삶의 방식이 되어야 한다.

86. 지식은 사색을 거쳐야 지혜로 발전한다.

87. 집착을 버려야 괴로움에서 벗어난다.

88. 최선을 다했다는 말은 자기의 노력에 감동했을 때 비로소 쓸 수 있는 말이다.

89. 칼도 오래 쓰면 날이 무디어진다.

90. 편한 길만 가다 보면 인생에서 능력이 키워질 수가 없다.

91. 하루 종일 내린 빗방울 수만큼 사랑해!

92. 한 글자로 꿈, 두 글자로 희망, 세 글자로 가능성, 네 글자로 할 수 있다. 이것이 청춘이다.

93. 할 수 없는 것이 아니라 할 수 없다는 마음이 가로막고 있을 뿐이다.

94. 할 수 있다고 생각하든 할 수 없다고 생각하든 당신 생각이 맞다.

95. 현실에 안주하지 말자. '익숙함에서 벗어나라.'

96. 현재는 과거의 결과물이고 미래는 현재 보내고 있는 시간에 달려 있다.

97. 현재에 충실하지 못한 사람은 미래에도 충실한 사람이 될 수 없다.

98. 현재의 나로 산다면 기껏해야 얼마나 많은 것을 이해하겠는가? '공부하자.'

99. 화내고 짜증내고 미워하면 남을 해치기 전에 자기 자신을 해친다.

100. 환경을 탓하지 마라. 바위틈에서도 꽃은 피어난다.

삶에는 끝이 있어도

앎에는 끝이 없다

3장

~~~~~~~~~~~~~~~~~~~

01

현재의 나는
얼마나 부족한 사람인가,
'공부하자'

퇴사를 결정하고 '무엇을 할 것인가?'를 생각하다가, 직원들에게 해주던 말이 떠올랐다. "남들이 놀 때 같이 놀고, 남들이 잘 때 같이 자고, 이렇게 남들처럼 살면, 어떻게 남들과 다른 삶을 살 수 있겠냐? 남들과 다른 삶을 살고 싶다면 달라져야 한다. 매일매일 똑같은 삶을 살면서 달라질 수는 없다."

또한, 공부하지 않으면 도태될 수밖에 없음을 강조하며 "냉장고에 음식물을 채워 넣지 않고 꺼내먹기만 한다면 어느 순간 냉장고는 텅텅 비어버릴 것이다. 채워 넣을 시기를 놓치지 마라." 이렇게 내가 직원들에게 해주던 말이 이제는 나에게 적용할 때가 된 것이다.

현실에 안주하지 않고 도전을 선택했고, '무엇을 할 것인가?'에 대한 물음은 공부로 채우기로 했다. '더 늦기 전에 공부하자.'라고 결심했던 마음은 그대로 이어져서 카페를 개업하고 나서 한국방송통신대학교 경영학과에 입학하였다.

시간과 장소에 구애받지 않고 공부를 할 수 있어야 카페를 운영하면서 공부도 병행할 수 있었기에 원격수업으로 공부할 수 있는 한국방송통신대학교를 선택하였다.

원격수업으로 공부할 수 있는 학교는 많았지만, 우리나라의 최초의 국립 원격대학으로, 전통과 규모, 인지도 면에서 가장 이름이 널리 알려져 있고 은행원 시절에 중도 포기했던 학교라 다시 도전해보고 싶었다.

1학년 첫 학기가 시작되고 꾸준히 인터넷으로 수강하였다. 강의를 듣고 교과서에 메모해가며 공부했는데, 오랜만에 하는 공부라서 그런지 교과서의 페이지가 넘어가면 기억이 가물가물해서 다시 돌아오고 하다 보니, 진도가 잘 나가지 않았다. 그래도 공부를 하는 지금, 이 순간이 행복했다. 지금까지 공부할 때 행복하다고 느껴본 적이 없었는데 참 이상한 일이었다. '남이 시켜서 하는 일이 아니고 내가 원해서 하는 일이기에 그런가 보다.'라는 생각이 들었다.

아침에 카페를 열고 일하다가, 알바생이 출근하는 오후에는 공부했다. 공부하다가도 매장이 바빠지면 주문을 받고, 음료를 만들고 하면서 카페 일과 공부를 병행할 수 있었지만, 은행원 시절에는 퇴근해서 공부해야 했으니 학과 공부를 따라가기가 힘들어서 결국 중도 포기하고 말았다. 그래서 직장 생활을 하면서 공부를 병행하는 학우들을 보면 참 대단하다는 생각이 든다.

1학기가 개강하고 2달쯤 지나서 출석 수업이 시작되었다. 우리 학교는 학기 중에 일부 과목에 대하여 과목당 6시간씩 출석 수업이라는 오프라인 강의를 듣고, 출석 수업 시험을 본다. 출석 수업을 하지 않는 나머지 과목에 대해서는 과제물 제출로 갈음한다. 출석 수업 시험과 과제물 제출은 일종의 중간고사인 셈이다.

출석 수업은 직장인들을 고려하여 평일 저녁 시간과 주말에 진행되는데, 오프라인에서 교수님의 강의를 듣다 보니 비로소 대학생이라는 게 실감이 났다.

'경영학 개론' 출석 수업 시간에 교수님이 물으셨다. "공부는 왜 할까요?"

"회사 업무에 보탬이 되려고 합니다.", "지금보다 더 나은 사람이 되려고 합니다.", "졸업장을 받기 위해서 합니다." 등등 학우들의 일반적인 대답이 이어졌고, 곧이어 교수님이 말씀하셨다.

"공부는 가치 있는 사람이 되기 위함이고, 가치 있는 사람이 되면 세 가지가 달라집니다. 어휘력과 포용력, 그리고 남을 대하는 태도가 달라집니다."

첫 강의에서 들은 이 말씀이 아직도 기억에 남는다. "공부는 가치 있는 사람이 되기 위함이다."

1학년 1학기가 끝났다. 6과목 중 A학점은 하나도 없고, B와 C뿐이다. 그래도 첫 학기에 낙제 과목이 없어서 그나마 다행이라고 생각했다. 그러나, 2학기 수강 신청을 하는데 교양 과목 중에 '대학 영어'가 있었다. 영어를 공부한 적이 언제인지 기억도 없는데 '큰일이다.'라는 생각이 들었지만, 한편으로는 '하면 되겠지. 열심히 한번 해보자.'라는 생각도 들었다.

2학기는 상대적으로 취약한 영어 공부 위주로 계획을 세웠다. 강의를 들으면서 한 문장도 놓치지 않겠다는 각오로 강의에 집중하였고, 3개년도 기출문제를 분석해서 자주 출제되는 단원은 읽고 해석하기를 반복해서 공부했다. 얼마나 반복 학습을 했는지 교과서의 지문이 저절로 외워지는 수준까지 되었다. 처음에 걱정은 온데간데없고, 이제는 영어가 가장 자신이 있는 과목이 되었다.

1학년 2학기가 끝났다. 아이러니하게도 6과목 중 영어만 A학점을 받았고, 나머지 과목은 또 B와 C였다. 1학년 때는 공부하는 요령도 몰랐고, 아무래도 카페를 운영하는 데 더 신경을 쓰다 보니 평범한 성적표를 받게 되었다. 하지만 다른 과목도 영어 공부하듯 하면 된다는 확신을 얻었고, 이러한 확신을 실천하기 위해서는 공부하는 시간을 절대적으로 늘려야 했다.

1학년을 마친 어느 날, 카페에서 일하고 있는데 낯익은 얼굴이 눈에 들어왔다. "어어." 하다가 "혹시 방통대 경영학과 맞죠?"라고 물었다. 출석 수업 시간에 봤던 학우가 손님으로 온 것이다. 이런 우연이 또 있을까? 너무너무 반가웠다. 상대방은 나보다 더 놀랍고 더 반가웠나 보다. 목소리가 몇 옥타브는 올라갔다.

집이 이 근처로 이사 와서 우리 매장에 가끔 온다고 했다. 그 후로도 카페에서도 학교에서도 종종 볼 수 있어서 서로 격려도 하고 의지도 되었다. 대부분의 방통대 학우들은 직장 생활과 학업을 병행하는데, 이 친구도 마찬가지였다. 공부할 시간이 턱없이 부족해서 포기하고 싶은 마음이 들 텐데도 뒤처지지 않고 따라오는 걸 보면 참 대단하다는 생각이 들고, 어떨 때는 안쓰럽기도 했다.

아니나 다를까 이 친구는 1학년부터 낙제 과목이 있어서 계절학기를 수강해야 한다고 울상이다. 그래도 포기하지 않고 학업을 계속한다는 게 대단한 일이라고 말해줬다.

2학년이 시작되었다. 1학년을 마치고 계획한 대로 공부하는 시간을 늘렸다.

다르게 말하면 수입이 줄더라도 카페에서 일하는 시간을 줄였다. 애초부터 졸업장이 목적이 아니고 공부 그 자체가 목적이었기 때문에 가능했다.

2학년에도 출석 수업은 진행되었고, '세계의 정치와 경제' 시간에 『레미제라블』의 시대적 배경이 된 '프랑스혁명'에 대해서 배웠다. 강의도 듣고 관련 영상물도 시청하고 흥미로운 시간이 되었지만, 시험문제를 듣고 나를 포함한 학우들은 외마디 탄성을 질렀다.

'프랑스혁명'에 대해서 각자 A4용지 3장 정도로 요약을 하고 외워서 시험을 본다는 것이었다. 그냥 보고 쓰기도 힘든데, 외워서 쓰라고 하니 엄두가 나지 않았다.

나이가 들면 이해력은 좋아지지만, 암기력은 떨어지는 게 기정사실 아닌가?

하지만 시험을 보는 것도 기정사실이었다. 1주일 정도 시간이 주어졌다. 요약하는 데 하루가 지나고, 곧바로 외우기 시작했는데 안 된다. 5줄 정도 외워지나 싶더니 제자리다. 그러기를 반복하다가 그래도 몇 줄씩은 나아간다.

하루 대부분을 '프랑스혁명'을 암기하는 데 할애했다. 그렇게 5일째 되던 날 술술 거침없이 외워졌다. 인간의 능력은 정말 한계가 없는 것일까? 내가 외우고 있으면서도 믿기지 않았다. 나이가 들면 암기력이 떨어지지만, 그것도 다 하기 나름이라는 것을 몸소 깨달았다.

'나이 핑계 대지 말고 공부합시다. 하면 됩니다.'라고 말하고 싶다.

2학년부터 공부하는 시간도 늘리고, 공부에 더 집중한 결과는, 성적으로 나타났고 학년이 거듭될수록 성적도 거듭해서 향상되었다. 1학년에는 12개 과목에서 A학점이 1개에 불과했는데, 4학년에는 12개 과목에서 A학점이 10개로 늘어났다. 내심 모든 과목의 A학점도 기대했었는데, 그건 아무나 넘볼 수 있는 영역이 아닌가 보다.

4년의 세월이 어떻게 흘러갔는지 모르게 지나갔다. 코로나19로 졸업식이 열리지 못해 학사모를 쓰지는 못했지만, 내가 나에게 4년 동안 수고했다고 말해주었다. 졸업을 축하한다고 말해주었다.

~~~~~

환경을 탓하지 마라,
바위틈에서도
꽃은 피어난다

경영학과 4학년 2학기 기말시험을 앞두고, 졸업하고 나면 '무엇을 할 것인가?'를 생각하게 되었다. 잠시 삶의 여백을 가져도 좋으련만, 카페 일 말고는 아무 일 없이 시간을 보낼 것을 생각하니, 나에게는 여백이 아니라 공백으로 느껴져서 다음 계획이 필요했다.

산책하며 '나는 언제 행복한가?'를 생각했다.

생각해보니 학교 다니는 4년 동안 행복했는데, 공부하면서 모르던 것을 새롭게 알아가고, 알던 것은 더 깊게 알아가는 과정 하나하나가 행복했다.

또한, 공부하던 습관이 독서로 이어져서 방학이 되면 독서에 집중하였고, 책을 대여하기 위해 도서관에서 책을 고를 때가 행복했다.

그러면 공부를 더 할 것인가, 독서에 집중할 것인가를 생각하다가 공부는 잠시 여백으로 두고 독서에 집중하기로 했다. 1달에 10권씩 5년간 최소 600권을 읽겠다는 계획을 세웠다.

기말시험이 끝나고 겨울방학이 되었다. 졸업식만 남겨두고 모든 학사과정이 종료되었는데, 한편으로 마음이 허전했다. 독서를 하겠다는 계획을 바로 실행에 옮기고 있었지만, 막상 실행에 옮기고 보니 이것만으로는 충족이 되지 않았다.

처음부터 다시 생각해야 했다. 아무래도 공부에 미련이 남아 있는 것같았다.

학교 홈페이지에 접속했다. 우선 경영대학원이 눈에 들어왔다. 수강과목 등 교육 과정과 입학과 졸업 등 학사 안내에 대하여 꼼꼼하게 살펴보았지만, 경영학 공부는 이만하면 됐다는 생각이 들었다.

다음에 눈에 띈 것은 신·편입생 모집공고였다. 지원 대상 학과를 살펴보던 중에 '청소년교육과'가 한눈에 들어왔다. 청소년들이 어려움을 겪는 진로, 생활, 인간관계 등의 문제를 해결하기 위해 청소년 교육자의 양성과 청소년 자녀에 대한 부모의 전문적인 지도 능력 배양 등을 목적으로 개설된 학과였다.

청소년지도사 등 국가자격증을 취득하면 졸업 후에 청소년교육지도
자, 청소년 복지 및 상담 전문가로 활동할 수도 있었다.

나도 어렵고 힘든 청소년기를 보냈기에 어려움에 부닥친 청소년들과
공감대 형성도 가능했고, 내가 깨달은 삶의 이치에 '청소년교육과'의 전
공 분야 공부를 더 하여, 청소년들에게 심리 상담을 할 수 있기를 소망했
다.

더 검토할 것도 없었다. 즉시 청소년교육과 3학년에 편입을 지원하였
다.

코로나19로 인하여 3학년 1학기는 출석 수업 없이 과제물로 대체되어
오프라인 강의도 없고 이에 따라 학우들도 만날 수 없어 아쉬웠지만, 익
숙해진 인터넷 강의로 전공 과목을 수강하였다. '청소년 복지론' 수강 중
빈곤 가정 청소년을 다루는 강의에서 빈곤은 '생계에 필요한 소득의 결여'
로 정의되는데, 빈곤 가정에 속한 청소년은 경제적인 어려움으로 인해 신
체적 · 심리적 · 사회적으로 적응하는 과정에서 부정적인 영향을 받는다
고 하였다. 강의를 듣는데 나의 청소년기도 빈곤했기에 그 당시 빈곤으로
인해 힘들고 아팠던 기억들이 아련하게 떠오르며 눈시울이 붉어졌다.

초등학교 5학년 때 엄마가 가출하면서 집안 형편이 급격히 어려워졌

다. 부모님이 자주 다투시던 모습이 기억에 남아 있는데, 아마 가정불화가 원인이었던 듯싶다. 아버지는 엄마가 집을 나가고 가장의 책임을 놓으셨는지 경제적으로 도움을 주지 못했다. 돈을 벌어 온다고 지방으로 가서는 소식이 없었다.

할머니, 누나, 두 명의 여동생과 나까지 5명의 식구는 아버지 없이 어떻게 생계를 이어갔는지 잘 기억이 나지 않지만, 할머니가 나물 뜯어서 좌판을 벌이고 땔감으로 목재소에 가서 나무를 얻어와 아궁이에 지피고 했던 기억은 있다.

당시에 우리 식구는 단칸방에 세 들어 살았는데, 월세는 밀리기 일쑤여서 주인 아주머니는 어린 나를 보고도 돈 내놓으라고 악다구니를 치는데, 도저히 그 소리를 듣고 있을 수가 없어서 아주머니가 악다구니를 칠 때면 동생들을 데리고 나갔다가 아주머니 방에 불이 꺼지는 한밤중이 되어서야 집으로 들어왔다.

이렇게 집이 너무 가난에 쪼들리다 보니 학교에 도시락을 싸가지 못하는 날이 더 많았다. 점심시간이면 정말로 운동장에 있는 수돗가에서 물배를 채웠다. 가난으로 인해 사는 데 어려움이 많다 보니, 엄마와 아버지에 대한 원망으로 삶은 점점 피폐해졌다. 어른이 되고 나서야 부모님도 당시엔 어쩔 수 없었을 것이라고 이해하면서 부모님에 대한 원망을 내려놓을 수 있었지만, 너무너무 어렵고 힘들었던 중학생 시기는 지금 생각해도 너무 마음이 아프다.

우여곡절 끝에 중학교 3학년이 되었지만 2학년 납부금이 미납되어 학교에 가지도 못하고, 방에서 두문불출하고 있었는데, 어느 날 친구와 찾아와서 내일부터 학교에 와도 된다고 전해주었다.

당시 중학교는 가톨릭 교육재단으로, 수녀 선생님이 계셨는데 수녀 선생님이 밀린 납부금을 내주셨다고 들었다. 당연히 찾아뵙고 감사의 말씀을 드렸어야 했는데, 부끄럽기도 하고 창피하기도 하고 그래야 한다고 알려주는 어른도 없고 어떻게 해야 할지 몰라서 그냥 지나쳐버리고 말았다. 수녀 선생님이 아니었으면 중학교도 졸업을 못 할 뻔했는데 고마운 수녀 선생님. 죄송합니다. 감사합니다.

12살 때 가출했던 엄마는 내가 은행에 들어가고 나서 22살 때 다시 뵐수 있었다. 엄마는 나를 보자마자 끌어안고 우셨다. 서럽게도 많이 우셨다. 미안하다며 한참을 우셨다. 나는 엄마를 원망할 때도 많았지만 지금은 괜찮다고 말했다. 미안해하지 않으셔도 된다고 말했다. 엄마는 그런 나를 보고, 아직 나이가 어린데 마음 씀씀이가 요즘 젊은이 같지 않다고 대견해하셨다.

엄마에게도 이유가 있지만 어떤 이유에서라도 엄마의 도리인 어린 자식을 보살피지 못해서 거듭 미안하다고 하셨다. 감정에 복받쳐서 하고 싶은 말씀을 다 못 해서인지 얼마 후에 엄마에게서 편지가 왔다.

엄마는 지금 수도하는 과정 중에 있다고 하셨다. 내가 사랑스럽고 대견스러워 모든 신께 감사한다고 하셨다. 그런데 한 가지 내가 마음이 소심한 점이 있는 것 같다고 이 점을 고치면 더 큰 나무가 될 거라고 하셨다. 엄마의 말이 아니고 수도하는 사람의 말이라고 생각하라고 하셨다.

하지만 내가 장한 아들이라고 세상에다 큰 소리로 알리고 싶다고 하셨다. 끝으로 엄마도 열심히 공부하고 아들도 열심히 공부해서 이 나라에 좋은 일꾼이 되자고 하셨다. 사랑한다고 하셨다.

엄마와 대화하는 과정에서도 느꼈지만, 더욱이 편지를 읽고 있으면 엄마는 보통 사람이 아니었던 것 같다. 편지에서 이 나라에 좋은 일꾼이 되자는 말씀은 세상에 보탬이 되는 사람이 되자는 뜻으로 말씀하신 게 아닌가 싶다.

엄마를 10년 만에 다시 뵈었지만, 아버지와의 문제로 같이 살지는 못하고 이후에도 엄마는 엄마대로 홀로 지내시다가 쓸쓸하게 죽음을 맞으셨다. 불쌍한 우리 엄마! 엄마와 어릴 때 헤어져서 같이 살던 기억이 많이 남아 있지는 않지만, 그래도 엄마와 같이 살 때가 좋았다. 그냥 엄마가 곁에 있어서 좋았다.

엄마를 하늘나라로 보내드리며 무덤덤할 줄 알았는데, 눈물이 하염없이 흘렀다. "불쌍한 우리 엄마! 엄마 말씀대로 장한 아들이 될게요. 이 나라에 좋은 일꾼이 될게요. 하늘나라에서는 외롭지 마세요. 아프지 말고 편안히 계세요. 잘 가 엄마!"

나도 빈곤 가정에 속한 청소년이었지만 강의 내용과는 다르게 경제적인 어려움으로 인해 신체적·심리적·사회적으로 적응하는 과정에서 부정적인 영향을 받지 않았다. 경제적인 어려움은 있었지만, 어려움 때문에 오히려 더 절실함이 생겨서 나를 지킬 수 있었다. 우리 가족을 지킬 수 있었다. 절실함이 있으면 어떤 어려움도 이겨낼 수 있다.

해도 되고 안 해도 되는 일이라면 절실함이 생기지 않는다. 꼭 해야 하는 일이라야 절실함이 생긴다. 시험 기간이 많이 남았을 때는 여유를 부리다가 시험이 닥치면 밤을 새워서라도 공부를 하는 것처럼 말이다. 어려움에 부닥친 청소년들에게 이렇게 말하고 싶다.

"환경을 탓하지 마라. 바위틈에서도 꽃은 피어난다."

코로나19로 인해 매출액이 많이 줄었고, 4월부터 시작된 다발성 통증과 극심해진 위산 역류의 고통으로 학과 공부에도 지장을 받는 등 어수선한 분위기 속에서 3학년 1학기가 끝났다. 6개 과목 중 4개 과목에서 A 학점을 받았다.

무난한 성적표를 받았지만, 공부에 투자한 시간이 상대적으로 줄어들어 '청소년교육과'에 지원한 취지가 무색했다.

공부를 더 열심히 하자는 각오로 2학기를 맞았지만, 카페의 매출은 코로나19의 영향으로 하반기에도 매출 내림세가 지속하였고, 15일간 영업 금지 조치까지 내려졌다. 포장과 배달만 허용하고 매장에서는 취식이 불가하였다. 이러한 조치로 매출액은 급격히 감소하여 영업하는 의미가 없었다.

사태가 심각했다. 이대로 공부만 하고 있을 수는 없었다. 카페에서 일하는 시간을 다시 늘려야 했다. 많이 늘려야 했다.

2학기에도 코로나19의 영향으로 출석 수업 없이 과제물로 중간 평가를 하였다. 카페에서 일하는 시간을 늘려, 과제물을 작성하는 데에도 어려움이 있었지만, 우선은 기한 내에 모든 과제물을 제출했다. 과제물을 제출하고 나서 다시 생각에 잠겼다. 지금, 이 상황에서 어떻게 해야 하는지를 생각했다. 우선은 불을 꺼야 했다. 불이 났으니 불을 꺼야 했다. 이 상황이 언제까지 지속될지 아무도 알 수 없는 불확실한 상황이었기에 불부터 꺼야 했다.

고민 끝에 결정을 내렸다. 어려움에 부닥친 청소년들에게 앞으로의 인생에 보탬이 되도록 심리 상담을 해주고 싶은 소망은 뒤로 미루기로 했다. 매우 아쉬웠지만 어찌할 도리가 없었다. 여기까지였다. 소망하던 바는 다음 기회나 다른 기회를 모색하기로 했다.

03

~~~~~

평범한
일상에
감사하라

카페를 개업하고 나서 첫날 첫 손님에게 주문을 받고 음료를 만들 때의 긴장감은 아직도 생생하다. 손님 응대는 은행원 시절에 늘 하던 일이다 보니 별문제가 없었지만, 음료를 만드는 과정은 아직 서투르다 보니 레시피를 확인하느라고 시간이 지체되고, 음료를 만드는 속도도 더디다 보니 주문받은 음료를 빨리 제공하기가 어려웠다.

어떨 때는 음료를 주문한 후에 음료가 나올 때까지 만드는 과정을 빤히 주시하며 서서 기다리는 손님이 종종 있는데, 이럴 때면 손님의 시선을 의식하게 되어 음료를 만드는 시간이 더 지체되었다.

또한, 손님이 대량 주문이라도 하게 되면 무엇부터 어떻게 해야 할지 정리가 되지 않아 마음만 급한 적도 많았다. 이렇게 초보 시절에는 손님이 온다는 반가움보다는 '실수 없이 만들어야 할 텐데.'라는 긴장감으로 온전히 평범한 날이 없었다. 따라서 평범한 일상이 지루하다거나, 평범한 일상에 감사한다는 생각조차 할 수가 없었다.

그러다가 카페의 일상에 익숙해지면서 초보 시절의 긴장감이 사라져 이제는 평범한 날은 온전히 평범한 날이 되고 있었다. 손님도 별로 없고 아무 일도 없는 한가한 날이면 심심하고 지루하기까지 했다.

그러던 어느 날 원두를 분쇄하는 그라인더가 고장이 났다. 그라인더가 고장이 나면 에스프레소 추출 불가로 커피가 들어간 음료는 만들 수가 없기에 영업을 중단할 수밖에 없다. 그라인더 고장으로 영업을 중단한다는 생각은 해본 적도 없고 이로 인해 매출에도 막대한 지장을 초래했기에 먼저 짜증이 났고, 짜증이 진행되면서 화도 났다. 결국, 반나절 동안 영업을 중단했기에 그날 매출은 반 토막이 났다. 그라인더 수리가 끝나고 다시 정상 영업을 하게 되었음에도 매출에 대한 욕심으로 일상 회복을 감사하지 못한 마음 때문이었을까?

얼마 후 영업시간 중에 매장에서 누전으로 화재가 발생하였다.
119에 즉각 화재 신고를 하고 소방관의 지시대로 메인 전원을 차단하였고, 그 이후에는 어찌할 도리가 없이 발만 동동 구르고 있을 때, 채 5분도 되기 전에 소방관이 도착하여 발화 지점을 찾아내고 즉각적인 조치로, 화재는 반나절의 영업 손실과 약간의 복구 비용 외에는 큰 피해 없이 마무리되었다.

화재가 발생하고 진화되는 과정은, 매우 긴박한 상황이라 다른 생각을 할 여유가 없었지만, 화재 진화가 끝난 매장을 천천히 둘러보며 정말로 가슴을 쓸어내렸다. 영업시간 중이 아니고 모두가 퇴근한 밤에 이런 일이 벌어졌다면 어쩔 뻔했을까? 정말 상상도 하기 싫은 장면이 떠올라서 몸서리를 쳤다.

화재 복구가 끝나고 다음 날 정상적으로 영업을 할 수 있었는데, 그라인더 고장 때와 마찬가지로 매출은 반 토막이 났지만 정말 이만하길 다행이었고, 정말 이만하길 감사한 마음뿐이었다.

깨달음은 내가 감당하기 어려운 시련을 겪어봐야 내게로 오는가 보다. 매장 화재로 많은 것을 잃을 뻔했던 순간이 없었다면, 과연 평범한 일상이 얼마나 감사한 것인지 알 수 있었을까? 이렇게 생각하면 고난은 나를 깨닫게 하고 나를 성장시키는 것임을 알 수가 있다. 따라서 고난이 닥쳐오면 힘은 들지만, 고난이 꼭 나쁘다고만 볼 수는 없는 것이다. 이후에는 아무 일도 없는 평범한 일상이 얼마나 감사한 것인지, 얼마나 고마운 것인지 뼈저리게 느끼고 있다.

이와 관련하여 개인적인 모임의 회원으로 있는 지인의 사례가 있다. 당시의 감정을 그대로 전하기 위하여 지인이 남긴 글로 소개한다.

인간이라는 존재는 힘들고 어려운 일을 겪어보고 당해봐야 그동안의 평범한 일상이 얼마나 감사한지를 깨닫는 게 아닌가 싶다.

남들이 볼 때 부자는 아니지만, 생활하는 데 부족함이 없었다. 하지만 경제적으로 더 풍요로운 삶을 추구하고 아이들도 남들의 시선에서 부족함 없는 아이들로 키우려는 욕심에 짜증과 분노를 몸에 달고 살았다.

그로 인해 집사람도 많은 스트레스를 받았나 보다. 어느 날 갑자기 뇌종양이 발견되었다. 뇌종양 수술 후에 뇌출혈로 두 차례나 더 수술을 받고 열흘 간 중환자실에서 사경을 헤매는 상황이 계속되었다.

그 열흘 동안이 내 인생에서 가장 처참하고 지옥 같은 시간이었다. 그동안 내가 그토록 사랑했던 가족들에게 잘해주지 못한 것에 대해 한없는 미안함을 느꼈다. 특히 아내에게 좀 더 잘해주지 못함에 마음이 무너지고 끝없는 후회로 미칠 것 같은 고통 속에 하루하루를 보냈다.

그리고 기도했다. "하나님 제발 살려주세요. 살려만 주신다면 어떤 것이 삶에서 정말 중요한 것인지를 다시는 잊지 않을 것입니다." 하고 매일매일 기도했다. 다행히 아내가 일반 병실로 옮겨지고 하루하루 나아감을 보면서 또다시 하나님께 기도했다. "감사합니다. 감사합니다."

아내가 나아지자 내 마음도 안정되고 참으로 편해졌다. 그리고 그동안

아등바등 살아온 일들이 참으로 헛된 것임을 깨달았다.

인간이 영원히 사는 것도 아닌데 하루하루 즐겁게 최선을 다해 사는 것이 참다운 삶이 아닌가 하는 생각이 들었다. 오늘은 어제 죽은 이가 그토록 바라고 원했던 내일이 아닌가?

오늘을 사는 나는 하루하루가 정말 기적이 아닌가? 이러한 생각에 '하루하루 감사히 살아야지.' 하는 마음이 솟아났다. "욕심이 잉태하면 죄를 낳고 죄가 장성하면 사망을 낳느니라." 성경 말씀이다. 이러한 성경 말씀을 마음에 새겨서 쓸데없는 욕심을 버리고 하루하루 최선을 다해서 감사히 살겠다고 다시 한번 다짐하고 또 다짐했다.

이렇게 나의 사례나, 지인의 사례뿐만 아니라 사람들은 꼭 큰일을 치르고서야 평범한 일상에 감사하고, 욕심을 내려놓게 된다. 다르게 말하면 사람들은 지금이 좋은 줄을 모르고 꼭 지금보다 안 좋은 일이 생겨야 그때가 좋았다고 한다. 그때가 감사한 일상이었다고 한다.

지금의 평범한 일상에 감사하라는 말씀은 명동 성당의 기도문에도 나온다.

날마다 평범한 생활 속에서 감사를 발견하는 지혜를 주소서.
무엇이 생겨서가 아니라, 무엇이 나에게 발생하지 않음을 감사하게 하소서.

음악을 들을 수 있는 귀와 아름다움을 볼 수 있는 눈과 편리한 세월에 태어난 것과 세어도 세어도 끝이 없는 그 많은 감사를 알게 하소서.

기도문에도 언급되지만 평범한 일상에 감사하는 일은 쉽지 않다. 그냥 지나치기 쉽기 때문이다. 그래서 발견이라고 표현을 하고, 그것을 지혜라고 했다. 무엇이 충족되어서 감사하는 마음은, 시간이 지나면 시들해지고 인간의 욕구는 끝이 없으므로, 결국은 채워지지 못해서 괴롭게 된다. 따라서 무엇이 채워짐으로 인한 감사보다는 평범한 일상에 감사하는 지혜를 거듭 강조한다. 또한 우리가 평소에는 당연하게 여기는 것이지만 귀가 있고, 눈이 있는 것만으로도 감사를 알게 하는 구체적인 예시를 든다.

이러한 예시들은 김옥춘 시인의 「나는 행복한 사람입니다」라는 시에 더 잘 표현되어 있다.

"걸을 수만 있다면, 더 큰 복은 바라지 않겠습니다." 누군가는 지금 그렇게 기도를 합니다. "설 수만 있다면, 더 큰 복은 바라지 않겠습니다." 누군가는 지금 그렇게 기도를 합니다. "들을 수만 있다면, 더 큰 복은 바라지 않겠습니다." 누군가는 지금 그렇게 기도를 합니다. "말할 수만 있다면, 더 큰 복은 바라지 않겠습니다." 누군가는 지금 그렇게 기도를 합니다.

"볼 수만 있다면, 더 큰 복은 바라지 않겠습니다." 누군가는 지금 그렇게 기도를 합니다.

"살 수만 있다면, 더 큰 복은 바라지 않겠습니다."

누군가는 지금 그렇게 기도를 합니다.

놀랍게도 누군가의 간절한 소원을 나는 다 이루고 살았습니다.

놀랍게도 누군가가 간절히 기다리는 기적이 내게는 날마다 일어나고 있었습니다. (중략)

어떻게 해야 행복해지는지 고민하지 않겠습니다. 내가 얼마나 행복한 사람인지 날마다 깨닫겠습니다.

나의 하루는 기적입니다. 나는 행복한 사람입니다. 나는 행복한 사람입니다.

이처럼 나는 걸을 수도 있고, 말할 수도 있고, 볼 수도 있고, 무엇보다 살아 있기 때문에 무엇이 생기지 않아도 평범한 일상이 감사한 일이었다. 내가 오직 살아 있음만으로 감사하는 마음을 갖게 되자 삶의 질이 확연하게 달라졌다. 살아 있음에 비하면 다른 모든 일은 소소한 일이 될 수밖에 없기 때문이다.

매출과 관련하여 '오늘은 오십만 원밖에 못 팔았네.'라고 한탄하던 날에도, '오늘은 그래도 사십만 원은 넘었네.'라고 긍정적으로 생각하게 되었고, 이틀 연속 매출이 부진해도 '내일 많이 팔면 되지.'라고 생각하게 되었다. 마찬가지로 이번 달에 매출이 부진하면 '다음 달에 많이 팔면 되지.'라고 생각하게 되었다.

살다 보면 이런 날로 있고 저런 날도 있기 마련인데, 평소에 깨닫고 있으니 '그래도 감사합니다. 이만하길 다행입니다.'라는 마음으로 살 수 있게 된 것이다.

조금 다른 사례이지만 얼마 전에는 딸과 말다툼으로 딸이 방에서 두문불출하여 대화도 못 하고 얼굴도 보기 힘들었다. 종전 같으면 이건 이래야 하고 저건 저래야 한다는 편견과 고집으로 인한 어리석은 생각으로 '그래 봐야 너만 손해야.'라는 마음이 강했을 것이지만, 지금은 딸과 화목하게 지내던 평범한 일상의 고마움을 아는지라, 딸의 잘못은 상관없이 내가 잘못한 부분에 대해서만 즉시 사과하고 거듭 사과해서 사랑하는 딸의 예쁜 얼굴을 오래지 않아 다시 볼 수 있었다.

그만 걱정해라,
할 수 있는 일에
집중하자

맑은 날에는 커피 향의 입자가 멀리 퍼져나가지만, 비가 오거나 눈이 오는 날처럼 습도가 높은 날에는 커피 향의 입자가 무거워져 멀리 퍼져 나가지 못하기 때문에 주변에 커피 향이 오랫동안 머물게 된다. 이러한 이유로 평상시보다 습도가 높은 날에는 커피의 맛과 향을 훨씬 더 깊고 진하게 느낄 수 있다.

그러면 습도가 높은 날에는 장사가 잘될까? 카페를 해본 경험이 없는 사람들은 '커피의 맛과 향이 좋으니 그럴 수도 있지 않을까?'라고 생각할 수 있다. 정답은 전혀 아니다. 비 오는 날은 매출이 많이 떨어진다. 손님들이 귀찮아서 안 나온다. 특히 눈 오는 날은 망했다고 생각하면 된다.

그런데 눈 오는 날은 매출도 걱정이지만, 우리 카페는 약간 경사진 곳에 있어서 눈을 치우는 일이 더 걱정이다. 위산 역류가 없으면 걱정할 일도 아니지만, 카페 창업 전 회사에 다닐 때부터 있던 위산 역류가 이제는 지병이 되어서 조금만 힘을 쓰는 일을 하면 복압이 증가하여 바로 위산이 역류하고, 이럴 때면 숨쉬기도 힘들고 아예 움직일 수가 없다. 이러다 보니 매출이 떨어지는 것도 걱정이지만, 눈을 치우는 일이 더 걱정이었다.

이렇게 매출이 떨어질까 걱정하고, 눈을 치우는 일을 걱정하고, 지금 일어나지도 않은 일을 미리 걱정하는 일이 종종 있었다.

그런데, 가만히 생각해보니 날씨 문제로 걱정하는 일은 걱정한다고 해결되는 일이 아니고 내가 어찌할 수 없는 일이었다. 오히려 걱정하는 마음 때문에 걱정이 걱정을 불러와서 정신적으로 힘들기만 했다.

비가 오면 매출이 줄겠거니 생각하면 되고, 눈이 오면 쉬엄쉬엄 눈을 치우면 될 일이었다, 오늘은 오늘의 평범한 일상에 감사하면 될 일이었다.

이처럼 어떤 문제가 생겼을 때 내가 그 문제를 해결할 수 있는지를 생각해보고 내가 어찌할 수 없는 일이라면 그냥 내버려두어야 한다.

미국 자동차회사 '포드'의 창설자인 헨리 포드도 "어쩔 수 없을 때는 그냥 내버려두자. 그러면 자연히 해결될 것이다."라고 말했다.

또한, 1970년에 발표된 비틀스의 'Let It Be'도 "순리에 맡겨라. 그냥 내버려 두어라."라는 뜻이다.

"When I find myself in times of trouble Mother Mary comes to me Speaking words of wisdom, let it be."

"내가 곤경에 처해 있을 때 어머니 메리(성모마리아를 의미)가 나에게로 와서 지혜의 말씀을 해주십니다. 순리에 맡겨라. 그냥 내버려두어라."

2021년 한국프로야구 우승팀인 KT 위즈의 승률은 56.3%였다. 40% 이상은 패배한다는 말이다. 또한, 타율 1위 이정후 선수의 타율은 36.0%였다. 60% 이상은 실패한다는 말이다. 1위의 기록이 이러한데도 야구 중계를 보면서 응원하는 팀이 매번 이기기를 바라고, 응원하는 선수가 매번 안타 치기를 바랐다.

경기에서 이기고 있더라도 위기 상황이 되면 '점수 주면 어쩌지. 이러다 지는 거 아니야?'라는 걱정을 하고, 기회가 왔을 때 점수를 못 내면 '기회가 왔을 때 살리지 못하면 위기가 될 텐데….'라는 걱정으로 야구를 보면서도 상황마다 걱정과 조바심으로 경기를 온전히 즐길 수가 없었다.

또한, 위기 상황에서 실점하는 투수와 기회가 왔을 때 맥없이 물러나는 타자를 보면서 짜증이 나기도 했다. 그 상황에서 가장 힘든 건 선수 본인일 텐데, 그리고 타율 1위의 선수도 60% 이상 실패를 하는데, 어떻게 매번 잘할 수 있겠는가?

이건 제대로 된 팬심이 아니었고, 이 역시 내가 걱정한다고 해결될 일이 아니었다. 앞서와 마찬가지로 그냥 내버려두어야 했다. 생각을 바꾸자 이후에는 경기에서 꼭 이겨야 한다는 생각을 버리고 경기는 이길 수도 있고 질 수도 있다는 생각으로 경기 자체를 즐기게 되었다.

2002년 한일월드컵 이탈리아와의 16강전에서 우리나라는 전반 5분 상대 수비수들의 반칙으로 페널티킥을 얻어내 초반 리드를 잡을 수 있는 절호의 기회를 맞이했다. 그러나, 키커로 나선 안정환이 실축하는 바람에 주도권을 뺏기면서 전반 18분 이탈리아에 선제골을 허용하였고, 페널티킥의 아쉬움은 더욱 커졌다.

페널티킥을 놓쳐 힘든 경기를 만든 장본인이었던 안정환은 연장 후반 12분 헤딩골을 넣었다. 페널티킥을 못 넣어서 마음고생이 심했던 안정환은 이 골을 넣고 펑펑 울었다.

안정환은 당시 "죽고 싶었다."라고 아찔했던 기억을 떠올렸으나, "이후 만회하려고 엄청 열심히 뛰었고, 경기가 끝나고 방에 들어가 구토를 많이 했다. 수분을 섭취하려고 먹은 이온 음료와 물 등이 한꺼번에 나왔다."라고 회상했다.

이렇게 안정환의 득점으로 경기는 종료되었고 우리나라는 이탈리아를 꺾고 8강 진출의 기적을 이루었다. 안정환은 당시 페널티킥을 실축한 다음 머리를 감싸 쥐고 잠시 멍한 모습을 보이며 자책했다. 안정환도 많은 사람이 그러는 것처럼, 이미 벌어진 일에 대하여 '그때 왜 그랬을까?' 하는 생각을 거듭해서 떠올리기만 했다면 경기력에도 지장을 받아서 교체될 수도 있었을 것이다. 하지만, 인터뷰에서 밝힌 것처럼 만회하려는 생각으로 엄청 열심히 뛰었다고 하는 것은 실수한 과거에 관한 생각보다는 지금 할 수 있는 일, 즉 현재에 더 집중했다는 것이다. 자신에 대한 자책보다는 앞으로 나아간 것이다.

데일 카네기의 『나를 힘들게 한 건 언제나 나였다』에서 발췌한 내용이다.

나는 '필라델피아 블루틴'의 편집장이었던 프레드 풀러 셰드 같은 사람을 항상 존경해왔다. 그는 오래된 진리를, 새롭고도 생생하게 표현하는 재능을 가진 사람이었다. 어느 날 그가 대학졸업반 학생들을 대상으로 한 강연에서 이렇게 물었다.

"톱으로 나무를 잘라본 사람 있나요? 손 한번 들어보세요." 대부분 학생이 손을 들자 그가 또 물었다. "톱으로 톱밥을 잘라본 사람 있나요?" 아무도 손을 들지 않았다.

"당연합니다, 톱으로 톱밥을 자를 수는 없는 일이죠!" 셰드는 큰 소리로 말했다.

"톱으로 이미 나무를 잘랐기에 톱밥이 있을 테니까요! 과거도 마찬가지입니다. 이미 지나간 일, 벌써 저지른 일을 가지고 걱정하기 시작한다면 톱밥에 톱질하는 것과 다름없습니다."

그렇다. 이미 지나간 일에 대하여 '그때 왜 그랬을까?' 하는 생각을 거듭해서 떠올리는 것은 괴롭기만 할 뿐이지 문제 해결에 아무런 도움이 되지 못한다.

이미 일어난 일의 수습을 위해 무언가를 할 수는 있지만, 일어난 일 자체를 어찌할 수는 없는 일이다. 이미 일어난 일은 일어난 일이고, 일어난 일의 원인 등 실수를 분석해서 교훈을 얻고, 다음에는 똑같은 실수를 반복하지 않도록 하는 것이 중요하다. 이렇게 한 다음에는 잊어버려라. 사람은 실수도 하고 잘못도 하는 것이다. 자꾸만 과거의 실수에 발목 잡혀서 자신을 자책하면 앞으로 나아가지 못한다.

이렇게 과거와 미래는 우리가 후회하고 걱정한다고 바꿀 수가 없다. 오히려 과거에 대한 후회와 미래에 대한 걱정으로 유일하게 내가 제어할 수 있는 가장 소중한 시간인 지금, 이 순간을 놓치게 된다.

내가 어쩔 수 없는 일이라면 내버려두고 내가 할 수 있는 일에만 집중하자. 걱정도 습관이고 한숨도 습관일 뿐이다. 중요한 건 지금, 이 순간이다.

현재를 살아라.

현재(present)는 선물(present)이다.

05

'마음 챙김'은
알아차리고 또
알아차리는 것이다

데일 카네기의 『인간관계론 & 자기관리론』에 나오는 내용이다.

벤저민 프랭클린은 자서전에서 어떻게 자신의 비판적인 성격을 고쳐 미국 역사상 가장 유능한 외교관이 될 수 있었는지 고백을 했다. "전 절대로 내 의견만을 고집하거나 상대의 의견을 정면으로 반박하지 않는다."라는 한 가지 원칙을 세웠습니다.

그래서 '확실히', '의심할 여지없이' 등의 단정적인 어조 대신, '제가 생각하기엔', '제가 알기로는' 등의 완곡한 표현을 사용하기로 했습니다. 그

리고 누군가 제 잘못을 지적하면 그 자리에서 반박하기보다는 에둘러 말
하기로 했습니다.

"어떤 경우에는 당신의 의견이 옳을 수도 있지만, 현재 제 생각은 조금
다릅니다."라는 식으로 말입니다. 얼마 후 제 삶은 확연히 달라졌습니다.
사람들과 더욱 조화롭게 그리고 유쾌하게 지낼 수 있게 되었지요.

이와 다르게 자기주장이 강한 사람을 보면, 자신을 중심에 두기 때문
에 남을 이해하거나 배려하는 마음이 부족해서 내가 옳으니 네가 변해야
한다는 마음이 자리 잡고 있어, 주위에 있는 사람을 자기 뜻에 맞추려는
경향이 있다.

자신의 잣대에 맞지 않는다고 해서 일방적으로 상대가 틀렸다고 말하
고, 상대를 향해 왜 나와 같은 생각을 하지 않느냐고 말하는 것이다.

이러한 사람들은 어떠한 문제가 생겼을 때, 나 아닌 다른 사람에게서
원인을 찾는다. 하지만 이러한 행동은 무의미한 일이다. 같은 현상을 보
고 다른 사람은 나와 다르게 알고 이해한다는 사실을 깨닫는 것이 중요
하다.

이렇게 자기주장이 강한 사람에 관한 이야기는 남의 이야기인 줄만 알
았는데, 바로 나의 이야기였다. 얼마 전에 지하층에 주차하고 엘리베이
터를 타고 올라가는 중에 1층에서 탑승한 사람이 닫힘 버튼은 누르지 않

고 휴대폰만 보고 있었다.

내 상식에는 중간에 탔으면 닫힘 버튼을 눌러주는 게 예의라고 생각해서 나는 매번 그렇게 해왔는데, 이 사람은 휴대폰만 보고 있으니 어느 순간 화가 올라와서 나도 모르게 닫힘 버튼을 퉁명스럽게 누르고 말았다.

집에 들어와서 좀 전의 일을 다시 생각해보았는데, 곧바로 얼굴이 화끈거렸다. 나만의 잣대로 내가 옳다고 생각해서 화가 난 것이었다. 상대방은 전력 낭비를 막기 위해서 버튼을 누르지 않았을 수도 있고, 별생각이 없을 수도 있었다. 정 급하면 내가 마음의 동요 없이 아무렇지도 않게 눌렀어도 될 일이었다.

이 일로 정말 큰 깨달음을 얻었다. 상대의 태도나 행동이 마음에 들지 않고 신경에 거슬렸더라도 그것을 부정적으로 보고 있는 나의 마음 상태를 먼저 살폈어야 함을 깨달았다. 그리고 화가 날 일이 아니었음을 깨달았다. 이것이 바로 '마음 챙김'이었다.

'마음 챙김'이란 부정적 정서나 분노를 경험하더라도 이를 알아차림으로써 흔들리지 않고 현재를 있는 그대로 자각하는 것이다. 화가 나면 화가 난 줄을 알아차리고, 우울하면 우울한 것을 알아차리고, 상대를 미워하면 미워하는 자기를 알아차려야 한다.

이렇게 자기를 알아차리는 것을 잊지 않고, 평소에 내 생각과 상대의 생각이 다름을 당연하게 생각하면 되는 것이다. 그저 "나는 내가 옳다고 생각하지만, 사람들은 저마다 가치관이 다르니까 그렇게 생각하지 않는 사람도 있겠지.”라고 생각하자.

남을 잘 이해하게 되면 세상을 보는 다양한 관점을 수용하게 되어, ‘아, 저렇게 생각할 수도 있구나.’라며 이해의 폭이 넓어져 살면서 후회하는 일이 줄어들게 된다.

‘마음 챙김’을 알기 전에 우리 매장에서 있었던 일이다. 저녁이 되기 전인데도 만취 한 손님 7명이 매장에 왔다. 주문을 받을 때부터 의사소통도 힘들고 반말로 주문하는 탓에 마음이 불편했다. 겨우겨우 주문을 받았는데 음료를 엎지를까 봐 음료도 서빙을 해야 했다. 여기까지는 그래도 그러려니 했는데, 아니나 다를까 대화하는 목소리가 너무 커서 다른 손님들이 불편해한다. 목소리를 조금만 낮춰달라고 해도 도무지 통제되지 않는다. 나도 화가 통제되지 않아 감정에 치여서 너무너무 힘들었다. 그 손님들은 그렇게 1시간 동안 머물다가 갔는데, 손님들이 간 뒤에도 감정이 회복되지 않아 그날은 영혼이 탈탈 털려버린 하루가 되었다.

그런데, 다음 날 같은 시간에 같은 일행이 만취한 상태로 또 왔다. 역시나 주문을 받을 때부터 감정이 올라온다. 오늘도 마찬가지로 목소리가 너무 커서 다른 손님들이 불편해하지만, 통제가 안 되는 상황은 오늘도 마찬가지다.

화가 계속해서 올라오지만 어찌할 방법이 없다. 조금 있으려니 자기들

끼리 싸운다. 그나마 싸움이 발단돼서 오늘은 어제보다는 빨리 갔다. 손님을 상대하는 서비스업이 쉽지 않다는 걸 다시 한번 느꼈고, 오늘도 마음이 추슬러지지 않는다.

3일째 같은 시간에 같은 상태로 또 왔다고 하면, 너무 작위적이라고 하겠지만 거짓말처럼 또 왔다. 어떻게 할까를 생각할 여지도 없이 반사적으로 오늘은 주문을 받지 않고 돌려보내야겠다는 생각에 매장에 들어오는 것부터 제지했다.

"이틀 동안 저희가 너무 힘들었습니다. 매장에 계신 다른 손님들도 불편해서 손님들 주문을 받을 수가 없습니다. 다른 곳을 이용해주세요."라고 단호하게 말했다.

워낙 단호하게 말하다 보니 여지가 없음을 알았는지, 순순히 물러간다. 이 일행은 그 뒤로 우리 매장에 오지 않았지만, 한동안 힘들었던 장면이 떠오를 때마다 미워하고 화내는 마음이 올라왔다.

술 취해서 오는 손님과 관련해서 최근에 가끔 혼자 방문하는 손님이 있다. 술에 덜 취한 날은 그래도 괜찮은데, 만취해서 오는 날은 의사소통에 어려움이 있어 힘들다.

한번은 내가 근무하는 시간에 만취해서 방문했다. 주문이 밀려서 음료를 만들고 있었는데, 그사이에 매장을 돌아다니면서 큰 소리로 떠들고, 다른 손님들에게도 시비를 걸고 있었다. 바쁜 와중에도 우선 저지할 수밖에 없었지만, 뭐라 알아들을 수 없는 말을 한다. 주문도 밀려 있는 상태라 일단은 내보내야 했다. 술 좀 깨고 오시라고 말하고 억지로 내보냈다. 이럴 때 우유부단한 행동은 시간만 허비할 뿐이다.

2시간 후 술이 좀 깬 상태로 다시 왔다. 이번엔 의사소통이 가능한 상태라 "아까처럼 만취해서 오시면 저희가 너무 힘드니 지금처럼 술 좀 깬 다음에 오세요."라고 말씀드렸고, 알겠다고 미안하다고 한다.

하지만, 1주일쯤 지나서 매니저가 근무하는 시간에 또다시 만취해서 방문했다. 이번에도 혼자 시끄럽게 떠들고 다니고, 다른 손님들에게도 시비를 걸었다고 한다. 매니저가 감당할 수 없는 상태라 어찌할 도리가 없었고, 그렇게 매장에 머무는 시간 내내 매니저와 다른 손님들을 힘들게 했다고 한다.

그 일이 있고 이틀 후에, 이번에는 내가 근무하는 시간에 만취까지는 아니고 술을 좀 마신 상태에서 방문했다. 의사소통은 가능해서 지난번 매니저가 근무하는 시간에 있었던 일을 주지시켰고, "죄송하지만 저희도 힘들고 저희 매장에도 피해를 주시니 저희 매장에서는 주문을 받을 수가 없습니다."라고 정중하지만 단호하게 말씀드리고 돌려보냈다. 이때는 '마음 챙김'을 알고 있어서 감정적으로 힘든 것이 덜했다.

그런데 '마음 챙김'을 알고 있다고 해서 당장 화가 일어나지 않는 것은 아니다. '마음 챙김'의 수행이 깊어져서 상대를 이해하는 마음이 깊어져야 화가 일어나지 않게 된다. 당장에는 화가 일어나더라도 내가 화난 상태를 알아차림으로써, 더는 화가 진행되지 않도록 해야 한다. 이렇게 하면 화가 가라앉으면서 상대방이 나를 화나게 한 것이 아니라, 상대방의 행동을 보고 내가 화난 것이라고, 내 문제라고 생각하게 된다.

예를 들어, 음식점에서 큰 소리로 떠드는 사람이나, 아이들이 정신없이 뛰어다니는데 그것을 제지하지 않는 보호자들을 보면 화가 날 때가 있을 것이다. 하지만 가만히 생각해보면 그 사람들이 나를 화나게 한 것이 아니라, 그 사람들을 보면서 내가 화가 난 것이라는 것을 알 수 있다. 주위에 있는 모든 사람이 화가 난다면 그 사람들이 원인이겠지만, 모두가 화가 나는 건 아니기 때문이다.

대부분 사람은 그러건 말건 크게 개의치 않는다는 것을 보면, 결국은 내가 화를 낸 것이고 화를 낸 마음 바탕에는 '내가 옳다'는 마음이 있는데, '내가 옳다'는 것은, 자신의 판단일 뿐 그것이 정당한지는 별개의 문제이다.

'마음 챙김'은 알아차림이고 알아차림은 연습이 필요하다. 알아차림을 연습하다 보면 화를 내는 자신을 마주하게 된다. 그럴 때마다 '내가 또 화를 내고 있구나.' 하고 알아차리면 알아차림이 브레이크 역할을 하여 더는 화가 진행되지 않는다.

이렇게 화를 낼 때마다 화를 내는 자신을 알아차리는 것이 중요하다.

화를 내는 자기를 탓하지 말고, '내가 또 내가 옳다는 마음이 올라오는구나, 다음엔 그러지 말아야지.' 하는 마음으로 살아야 한다. 그렇게 해야 지금보다 더 발전하는 내가 될 수 있다.

06

다르게 생각하라, 고정관념에서 벗어나라

눈꽃 빙수 주문이 들어왔다. 냉동고에서 눈꽃 빙수 블록을 꺼내서 빙삭을 하는데 빙삭된 양이 부족하다. 냉동고를 자주 여닫다 보니 충분히 냉동되지 않은 탓이다. 할 수 없이 한 개를 더 꺼내서 부족한 부분을 채우고 나머지는 폐기한다.

안쪽 깊이 보관된 블록은 충분한 양이 빙삭 되는데, 안쪽 블록을 다 쓰고 나면 빙삭되는 양이 이렇게 부족할 수밖에 없다. 냉동고의 또 다른 문제는 계속해서 추가되는 신메뉴들로 인해서 냉동고의 공간이 부족하다는 것이다.

이러한 문제는 눈꽃 빙수 전용 냉동고를 추가로 설치하면 두 가지 문제를 동시에 해결할 수 있었다. 하지만 냉동고를 추가로 설치할 공간이 없어 실행에 옮기지는 못하고 있었다. 냉동고를 추가로 설치하려면 그 자리에 있는 재료보관용 맞춤 가구를 치워야 하는데, 그러면 거기에 있는 재료들을 새롭게 보관할 곳이 마땅치가 않았다. 그렇게 고민만 하다가 여름이 지나갔다.

그다음 해 여름이 다가오자 같은 고민을 또 하고 있었다. 기존 생각과 다른 생각이 필요했고 그렇게 하려면 기존 생각을 엎어야 했다.

먼저 빙수 전용 냉동고가 필요했으니, 냉동고를 추가로 설치하기로 했다. 그렇게 결정하고 나서 재료보관용 맞춤 가구를 버렸다. 거기에 있던 재료들은 고민할 때는 보이지 않던 공간들이 새롭게 눈에 들어와서 큰 문제없이 옮길 수 있었다. 이렇게 하고 보니 왜 진작 이렇게 하지 못했나 하는 아쉬움이 들었다.

빙수 전용 냉동고에서 꺼낸 빙수 블록으로 빙삭을 하니 냉동이 잘 되어서 빙삭된 양이 어마어마하다. 기존 냉동고에 보관된 빙수 블록에서 빙삭된 양보다 월등히 많다.

눈꽃 빙수를 주문한 손님들이 빙수를 받아 가면서 "우와." 하고 감탄사부터 나온다. 여기 빙수는 양이 정말 많다고 하신다. 빙수는 여기 매장에서만 먹어야겠다고 하신다.

많은 사람이 불편한 현실이 불만이라 변하려고 하지만, 막상 변하려고 하니 불안한 마음에, 불편하지만 익숙한 현실에 안주해서 변화하지 못한다. 나도 눈꽃 빙수의 양이 불만이지만, 맞춤 가구를 버리기도 아깝고, 또 일이 너무 커진다는 불안감에 문제가 해결되지 않은 것이다. 생각이 고정화된 탓이다. 고정관념은 볼 수 있는 것을 한정되게 한다. 고정관념을 버려야 새롭게 생각할 수 있고, 새롭게 볼 수 있다.

구두는 때를 벗겨야 광이 난다. 때를 벗기지도 않고 광부터 낼 수는 없는 일이다. 사람도 기존의 고정관념을 내려놓아야 새로운 것을 받아들일 수 있고 새로운 것을 받아들임으로써 빛이 나게 되는 것이다. 고정관념의 사전적 의미는 잘 변하지 아니하는, 행동을 주로 결정하는 확고한 의식이나 관념을 말한다.

우리 매장은 오전 시간을 제외하고는 2명이 근무하기에 키오스크 도입을 생각하지 않고 있었는데, 매니저가 키오스크 얘기를 꺼낸다. 한 번도 생각해보지 않은 문제라 신선한 발상으로 다가왔다. 바쁠 때는 1명이 계속 주문만 받느라고 음료 제조가 더디기도 했지만, 평상시에는 필요가 없어서 과잉 투자가 아닌가 하는 생각과 키오스크에 익숙하지 않은 손님들이 불편해하지는 않을까 하는 염려도 있었지만, 키오스크 설치가 보편화하고 있어서 우리 매장도 설치하기로 했다. 일단 시도해보자는 생각이 컸다. 시도해보지 않고서는 알 수가 없었다.

결과는 대만족이었다. 대부분 손님은 키오스크 이용에 크게 불편해하지 않았다. 키오스크에 이용에 익숙한 젊은 층은 비대면 주문을 오히려 더 편안해했다. 우리도 직원이 주문받는 경우가 대폭 감소해서 말을 많이 안 해도 되니 바쁠 때도 힘들지 않았다.

종전에는 '카페모카'를 주문받을 때, 따뜻한 음료인지, 시원한 음료인지, 휘핑크림은 올리시는지, 결제금액을 안내하고, 매장에서 드시는지, 적립은 하시는지, 여러 가지를 여쭤봐야 했는데, 이런 과정들이 생략되다 보니 정말 편했다. 또한, 종전에는 주문할 때는 분명히 따뜻한 아메리카노를 주문했는데, 음료를 드리면 아이스 아메리카노를 주문했다고 하는 일들이 없어진 것도 정말 좋았다.

그리고 생각지도 못했지만, 키오스크가 한 사람을 몫을 충분히 하고 있었다. 종전에는 2명이 근무하면서 1시간에 10만 원을 팔면 바쁘다는 소리가 절로 나왔는데, 키오스크를 도입한 후에는 1명이 근무하면서 1시간에 10만 원을 팔아도 그렇게 바쁘지 않았다. 키오스크로 인해 혼자서도 충분히 감당할 수 있음을 알게 되었다.

매니저의 제안이 아니었다면 지금도 키오스크가 도입되지 않았을 거로 생각하니 매니저에게 고마운 마음이 들었다. 우리 매니저는 그런 사람이었다. 점주의 지시도 충실히 이행하지만, 다른 방법도 있다는 자기 생각을 이야기하고, 매장에 문제가 생겨도 독립적인 판단으로 움직일 수 있는 사람이었다.

이처럼 조직은 다른 생각을 할 수 있는 사람이 필요하다. 같은 생각을 하는 사람만 모여 있으면 트러블 없이 잘 지낼 수 있겠지만, 문제를 제기하는 사람이 있어야 조직이 건전한 비판 속에서 성장할 수 있다.

다르게 생각해서 위기를 극복한 일본과 미국의 사과 이야기가 있다.

1991년 9월, 일본 최대의 사과 생산지인 아오모리 현에 태풍이 덮쳐서, 수확을 앞둔 사과의 90%가 땅에 떨어져버렸다. 많은 사람이 땅에 떨어져 팔 수 없게 된 사과를 지켜보며 한탄만 하고 있을 때, 한 청년이 태풍을 이겨내고 매달려 있는 10%의 사과를 보고 아이디어를 냈다. "떨어지지 않은 10%의 사과를, 시험에 절대 떨어지지 않는 '합격 사과'로 만들어 팔면 어떨까요?" 그는 거센 비바람과 태풍에도 떨어지지 않은 사과를 행운의 사과로 만들어, 사과에 대한 관점을 바꾸었다.

일반 사과의 열 배에 달하는 가격으로 판매된 이 사과는 엄청난 인기를 끌었고, 결국 마을 사람들은 태풍으로 생긴 손실을 거뜬히 만회할 수 있었다.

미국 뉴멕시코주 고산지대에서 사과를 재배하던 농장에, 수확을 앞둔 어느 날 엄청난 우박이 쏟아졌다. 미리 판매 계약을 마친 사과들이 떨어지는 우박에 맞아 상처투성이가 되어버렸다. 모두 넋을 잃고 힘들어할 때, 한 농부가 사과 농장을 배회하며 위기를 돌파할 방법을 생각하다가 무심코 상처투성이가 된 사과를 먹어 보고는 깜짝 놀랐다. 상처 입은 사과가 멀쩡한 사과보다 더 달콤하고 향기도 더 진했기 때문이다.

그는 상처 입은 사과들을 구매자들에게 보내면서 편지 한 장을 같이 보냈다. "보내드린 사과는 우박에 맞아서 상처가 생겼습니다. 비록 상처는 있지만, 이는 고산지대에서 생산되었다는 증거입니다. 고산지대에서는 가끔 기온이 급격히 떨어지는데 그 때문에 사과 속이 조여져서 맛있는 과당이 만들어집니다. 맛이 없으면 전액 환급해 드리겠습니다." 편지와 함께 상처 입은 사과를 받은 고객들은 한 명도 환급 요구를 하지 않았다고 한다.

어려움이 닥치면 부정적인 사람은 안 되는 이유만 생각하여 쉽게 포기하고, 긍정적인 사람은 할 수 있는 방법을 생각하여 어려움을 극복하고 발전의 계기로 삼는다. 물론, 어려움이 닥치면 두렵다, 망했다는 생각이 앞설 것이다. 일본과 미국의 사례에서도 대다수는 망했다고 생각했지만, 극소수만이 다른 방법이 없을까를 생각했고 결국, 관점의 전환으로 위기를 극복한 것이다.

관점을 바꾼 이야기를 하나 더 소개한다.
고대 소아시아 프리기아의 고르디우스 왕은 어느 날 수도인 고르디움

안에 있는 신전의 기둥에 수레를 꽁꽁 동여매었다. 어찌나 단단하고 복잡하게 묶었는지 그 매듭을 풀 수 있는 사람은 아무도 없었다. 고르디우스는 그 매듭을 두고 예언을 남겼다. "이 매듭을 푸는 자가 아시아의 왕이 될 것이다." 예언에 따라 사람들이 몰려들었지만 복잡하고 단단하게 묶여 있는 그 매듭을 풀 사람은 아무도 없었다.

그때 동방 원정에 나섰던 알렉산더 대왕이 프리기아를 지나가면서 고르디우스의 매듭에 관한 이야기를 듣게 되었다. 신전에 도착한 알렉산더 대왕은 매듭을 이리저리 살펴보았다. 그러다가 결심한 듯 칼을 뽑아 휘둘러 순식간에 그 매듭을 끊어버렸다. 그리고 "운명이란 전설에 의해 결정되는 것이 아니라 스스로 개척하는 것이다."라고 말했다. 알렉산더 대왕은 예언대로 아시아 대부분을 정복했고 알렉산더 제국을 건설했다.

알렉산더 대왕은 많은 사람이 풀려고만 했던 매듭을 끊어버리는 방법으로 풀었다. 매듭을 푼 것이 아니고 끊어버린 것이니 반칙이라고 할 수도 있지만, 적어도 매듭을 풀려고만 했던 고정관념에서 벗어났기에 관점의 전환이라고 볼 수 있다.

끝으로 문제 하나를 출제한다.

길가에서 노인과 군인이 이야기하고 있는데, 아이가 뛰어와서 "당신 아버지와 내 아버지가 싸우고 있어요."라고 말했다. 노인이 군인에게 "저 아이는 누군데 당신에게 말하는 거요?"라고 했다. 군인이 말하기를 "저

아이는 내 아들이에요."라고 말했다.

군인과 아이의 관계는?

정답은 엄마와 아들이다. 군인이 남자라는 고정관념을 가지고 있으면
이 문제를 풀 수가 없다.

07

집착을 버려야
괴로움에서
벗어난다

2018년 5월 13일 TV 프로그램 〈집사부일체〉에 9번째 사부님으로 유튜브 1억 뷰의 주인공이자 즉문즉설의 대가인 법륜 스님이 소개되었다. 방송을 통해 뵙기까지 법륜 스님이라는 분을 전혀 모르고 살았다. 그렇게 유명한 분이신 줄은 방송을 보고서야 알았다. 공교롭게도 이날은, 사랑하는 내 딸의 생일이어서 더욱 의미가 깊었다.

법륜 스님은 이날 방송에서 "깨달음의 장을 하는 이유는 괴로움이 없는 사람, 행복한 사람이 되기 위해서이다. 수행하는 하루 동안에 심리 상태가 '늘 행복하다'를 유지했으면 좋겠다."라고 하시며, "아프지 않은 것이 건강한 것처럼, 괴롭지 않은 것이 행복한 것이다. 몸이 아프지 않은 것이 건강이고, 마음이 아프지 않은 것이 행복이다. 이렇게 생각한다면 그 행복은 항상 누릴 수 있다."라고 말씀하셨다.

방송을 시청하면서 처음 접하는 말씀에 '아, 저렇게 생각할 수도 있구나.' 하고 생각의 폭을 넓히게 되었다. 그리고 몇 번의 다시 보기를 통해서 법륜 스님이 하신 말씀의 뜻을 마음속에 새기게 되었다.

이렇게 법륜 스님의 〈집사부일체〉 출연을 계기로 불교의 가르침에 대하여 자연스레 접하게 되었다. '집착이 모든 괴로움의 원인이며, 집착으로 인한 마음의 갈등을 번뇌라고 한다.

괴로움의 원인인 집착에서 벗어난 것을 해탈이라고 하며, 괴로움이 완전히 소멸한 상태를 열반이라고 한다. 불교 수행의 궁극적인 목표는 열반에 이르는 것이다. 괴로움이 없는 경지에 이르는 것이다.'라는 불교의 핵심 가르침을 접하고 현재의 나의 삶을 되돌아보는 계기가 되었다.

나의 삶도 일과 성공에 대한 집착, 행복에 대한 집착, 자식에 대한 집착 등 온갖 집착으로 얼룩져 있었다. 또한, 좋은 옷을 탐하고, 맛있는 음식을 탐하고, 좋은 집을 탐하고 있었다. 이러한 것이 감각적 욕망이라는 것도 처음 알게 되었다.

감각적 욕망은 채워도, 채워도 시간이 지나면 익숙해져서 시들해지고,

채우지 못하면 결핍에서 오는 집착으로 그 자체가 괴로움이기 때문에 이렇게 감각적 욕망을 추구하는 삶은 괴로움에서 벗어날 수가 없다.

2018년은 카페를 운영한 지 3년 차에 접어들어, 매장 운영도 안정적이고, 원하는 공부도 할 수 있어서 행복했지만, 한편으로는 공허한 마음이 들었다. 이렇게 공허한 마음이 드는 이유는 성취 욕구에 대한 집착과 자식에 대한 집착, 감각적 욕망을 추구하는 나의 삶 때문이라는 것을 알게 되었다.

특히 자식에 대한 집착으로 내 생각을 고집하다 보니, 말다툼이 가끔 있었고 그럴 때마다 마음을 다스리지 못하고 화를 내는 일이 반복되다 보니 사이가 조금씩 멀어지고 있다는 생각에 마음이 편치 않았다.

"아빠는 공부하고 싶어도 집안 형편 때문에 할 수가 없었는데, 너는 학자금대출 부담도 없이 공부만 하면 되는데 뭐가 문제냐! 간절함은 바라지도 않지만, 공부를 너무 안 한다."라고 꼰대처럼 말했다. 이런 말다툼의 요인은 대부분 부모가 그렇듯 자식이 공부를 열심히 하지 않는다는 이유였다.

당시에 나는 경영학과 3학년에 재학 중이었고, 딸은 학교는 다르지만, 경영학과 2학년에 재학 중이어서 공통의 관심사가 많을 것 같았다. 하지만 딸이 공부에 흥미가 없어서 학과 공부에 관한 이야기는 거의 나눌 수가 없었다.

그러던 중에 법륜 스님의 말씀을 들었다. "자녀도 스무 살이 넘으면 성인이기 때문에 자녀의 인생에 관여하지 마라. 내 자식이라는 이유로 간섭할 권리가 없다. 자녀가 어릴 때는 부모가 아끼는 것이 사랑이고, 청소년기에는 지켜봐주는 것이 사랑이고, 성인이 되면 정을 끊어주는 것이 사랑이다. 정을 끊는 아픔을 견뎌내야 진정한 부모의 사랑이다."

이 말씀을 듣기 전까지 나는 내 딸을 성인으로 생각한 적이 없었던 것 같다. 아직도 품 안의 아이로만 여겨서 혹시나 잘못될까 봐 노심초사하고 일일이 챙겨주려고만 했던 것 같다. 정을 끊는 아픔이란 성인인 자녀가 독립할 수 있도록 자녀의 자립을 위해서 마음속에서 떠나보내라는 말씀으로 들었다.

이렇게 이해하고 나서 딸에게 말했다.

"너는 스무 살이 넘은 성인이기 때문에 앞으로 아빠가 너의 일상에 간섭하고 잔소리하는 일은 없을 거야. 다만 아빠의 개입이 필요한 일이 있으면 언제든지 말해줘. 그리고 권리가 있으면 책임도 따르는 법이야. 아빠가 너를 지원해주는 것은 대학교 졸업할 때까지야. 그 이후에는 너 스스로 너의 인생을 책임질 수 있도록 경제적으로 독립해야 해."

이후로 딸에 대한 집착을 내려놓으니 모든 것이 편안해졌고, 딸에 대해서도 의심하는 마음보다 믿어주는 마음이 더 커졌다.

이렇듯 집착이 모든 괴로움의 원인이기 때문에, 집착을 내려놓으면 괴로움도 소멸한다.

집착은 '이거 아니면 안 된다.'라는 고집스러운 마음이라고 이해하고 있었는데, 조정래 작가의 소설『천년의 질문』을 읽다 보니 '탐진치'라는 용어를 접하게 되었고, 집착은 구체적으로 '탐진치'라는 것을 알게 되었다.

"탐진치만 생각해요, 탐진치."

그 하늘에서 스님의 목소리가 들려왔다. 쇠고랑을 차고 차로 끌려갈 때 뒤에서 스님이 한 말이었다. '탐진치(貪瞋癡) - 욕심부리지 말고, 화내지 말고, 어리석음을 범하지 말라.' 붓다는 이 세 가지를 삼독(三毒)이라 이름 짓고, 자비만큼 중요한 가르침으로 삼았다.

주지 스님의 일깨움으로 거듭거듭 들어왔던 그 붓다의 가르침을 김태범은 다시 속으로 뇌고 있었다. 옳고 또 옳은 말씀이지만, 듣고 돌아서면서 잊어버리기 그 얼마였던가. 그래서 욕심을 부리고, 화를 내고, 어리석은 짓을 계속하며 살아온 것이다.

-조정래 작가『천년의 질문』중에서

탐내어 그칠 줄 모르는 욕심을 '탐욕심'이라 하고, 내 뜻에 맞지 않는다고 미워하고 화내는 것을 '진에심'이라 하며, 사리를 바르게 판단하지 못하는 어리석음을 '우치심'이라고 한다. 이 세 가지 번뇌는 중생의 고통을 만드는 원인이 되며, 괴로움이 소멸한 상태인 '열반'에 이르는 데 장애가 되므로 '삼독심'이라고 한다.

이렇게 불교 수행은 탐욕, 성냄, 어리석음의 '삼독심'을 버려가는 과정이라고 할 수 있는데, 나는 이러한 '삼독심'에 사로잡혀 집착에서 벗어나지 못하고 있었다. 끊임없이 욕심을 부리고, 끊임없이 '내가 옳다'고 주장하고, 끊임없이 어리석은 행동을 하고 있었다.

일묵 스님은 『이해하고 내려놓기』에서 『법구경』에 있는 게송을 알려준다.

"국자는 아무리 국 속을 드나들어도 국 맛을 모른다." 이처럼 매일 절에 다니면서도 진리의 맛을 몰라 여전히 탐욕과 성냄에 젖어 산다면 국자와 다를 바가 없을 것입니다."

나는 한동안 참회하며 '삼독심'을 버리겠다는 마음으로 하루에도 수십 번씩 '나는 국자가 아니다.'라고 되뇌었다.

끝으로 법륜 스님의 저서 『기도』에 나오는 참회문을 소개한다.

화나고 짜증나고 미워하고 원망하는 이 모든 것은, 밖으로 살피면 상대가 잘못해서 생긴 괴로움인 것 같지만, 안으로 살피면 '내가 옳다'는 자기 생각에 사로잡혀 일어난 것이므로, 모든 법에는 본래 옳고 그름이 없음을 깨달아 '내가 옳다'는 생각을 내려놓을 때, 모든 괴로움은 사라지고 온갖 업장은 녹아나는 것이다.

08

~~~

행복은
어디에서
오는가?

퇴사를 결정하고 나서 불확실한 미래에 대한 두려움이 앞서기도 했지만, 지금은 회사와 인연이 다해서 떠나야 할 때라고 생각했고, 하고 싶었던 공부에 대한 열망과 좀 더 가치 있는 일에 대한 열망으로 지금까지 잘해왔던 나를 믿고 퇴사했다.

퇴사 후 지금껏 한 번도 경험해보지 못했던 카페를 운영하게 되면서, 새로운 일에 대한 기대와 호기심으로 마음이 들뜨기도 했지만, 카페 운영에 대한 전반적인 파악이 완료되면서 들뜬 마음은 가라앉았고 카페에서 일하는 시간을 차분하게 온전히 즐길 수 있게 되었다.

오픈 준비를 끝내고 비교적 한가한 오전 시간에는 여유 있게 커피의 맛과 향을 즐기는 시간이 행복했고, 손님이 주문한 음료를 맛있고 빠르게 제공하는 일도 행복했다. 무엇보다 하고 싶었던 공부를 마음껏 할 수 있어서 행복했다.

사업에 실패하고 빚만 남았을 때는 돈이 없어서 불편했고, 돈이 행복의 기준이 되었지만, 카페를 창업하고 나서는 카페에서 얻는 수익이 창업 전 회사에서 받았던 연봉보다는 적었지만 생활하는 데 아무런 불편함이 없어서 돈이 행복의 기준이 되지는 못했다. 내가 하고 싶은 공부를 하고 있고, 일이 재미있으니 그뿐이었다.

이렇듯 행복은 더 많은 것을 가져야 하고, 더 높은 곳에 올라야만 느낄 수 있는 것이 아니다. 자기가 하는 일에 만족하면 평범한 일상에서도 소소하게 느낄 수 있는 것이다. 그런데 사람들은 죽음이 다가오는 순간이 되어야 그동안 지나쳤던 일상의 '소소한 것'들이 행복이었음을 알게 된다.

너무 늦게 그것이 행복이었음을 알게 되면 삶에 회한이 남는다. 지금부터 행복을 올바르게 인식하고 평범한 일상에 감사하며 살아가자.

나의 사례에서도 그렇지만 사람들이 가난할 때는 대부분 돈이 어느 정도 행복의 기준이 되고, 가난에서 벗어나는 돈은 사람들을 행복하게 만

든다. 하지만 가난에서 벗어났는데도 남과 비교하고 계속해서 돈이 행복의 기준이 된다면 채우지 못해서 만족하지 못하고, 채웠어도 더 채우고자 하는 욕심 때문에 돈의 굴레에서 벗어나지 못해, 돈을 행복의 기준으로 삼는 것은 불행을 자초하는 일이다.

결혼한 지 10년 만에 오래된 아파트였지만 내 집을 마련한 주부가 있었다. 내 집을 마련했다는 기쁨에 매일같이 쓸고 닦고 열심히 청소하였고, 친구들도 불러서 자랑하고 행복해했다. 그러던 어느 날 친구가 아파트를 샀는데 집들이에 초대받아서 가보았더니 친구의 집은 새로 분양받은 아파트여서 깨끗한 것은 물론이고 모든 면에서 자기 집과는 비교가 안 될 정도로 좋았다. 친구의 집들이를 다녀온 주부는 친구의 집에 비해서 자기 집이 낡고 초라하다는 생각에 이제는 행복하지 않았다.

그렇게 행복하던 주부가 왜 이렇게 됐을까? 친구의 새 아파트를 가보지 않았다면 계속해서 행복했을까? 좋은 집, 좋은 차, 좋은 옷 등 행복은 가지고 있는 것과 어느 정도 관계는 있겠지만, 가진 것에 의해서만 추구되지는 않는다. 지금 가지고 있는 것도 시간이 지나면 익숙해져서 더 좋은 것을 추구하는 등 가진 것에 대한 욕심은 끝이 없기 때문이다. 가진 것에 대한 욕심은 불행을 자초할 뿐이다.

똑같은 환경에 살면서도 누구는 행복을 느끼며 살고, 누구는 불만을 느끼며 살아간다. 행복은 환경에 달린 게 아니라 마음가짐에 달려 있기 때문이다. 따라서 더 채우고자 하는 욕심을 버리고 현재의 상태에 만족

할 수 있도록 자기의 생각을 조절해야 한다.

다음에 소개하는 이야기를 읽으면 행복에 대한 관점이 재정립될 것이다. 『나는 보고 싶었다』의 저자인 보그힐트 달의 이야기이다.

그녀는 50년간 시각장애인으로 살았다. 한쪽 눈밖에 쓸 수 없었는데, 그마저도 심한 흉터로 덮여 있어 눈 왼쪽의 작은 틈을 통해 보는 것이 전부였다. 책을 읽으려면 얼굴 가까이 바싹대고, 최대한 왼쪽으로 보려고 애써야만 했다.

집에서는 큰 글씨로 인쇄된 책을 속눈썹이 거의 책장에 닿을 정도로 가까이 대고 읽었다. 그렇게 공부를 해서 미네소타 대학교에서는 문학사 학위를, 컬럼비아 대학교에서는 인문과학 석사 학위를 받았다. 그러던 중 그녀가 52세가 되던 해에 기적 같은 일이 일어났다. 유명한 메이요 클리닉에서 수술을 받게 되었고 전보다 40배나 더 잘 볼 수 있게 된 것이다. 이제 그녀는 부엌에서 하는 설거지조차 신나는 경험이라는 것을 알게 되었다. "나는 설거지통 안에 있는 하얗고 폭신한 비누 거품을 가지고 놀기 시작했다. 그러다가 싱크대 위에 있는 창문 밖을 바라보니 함박눈 사이로 파닥이며 날아가는 참새의 검회색 날개가 보였다."

그녀는 저서에서 다음과 같은 말로 책을 마무리 지었다.

"나는 조용히 속삭인다. 주여, 하늘에 계신 우리 아버지여, 감사합니다. 감사합니다."

데일 카네기의 『나를 힘들게 한 건 언제나 나였다』에 나오는 이야기인데, 데일 카네기는 이 이야기에 대해 다음과 같이 서술하고 있다.

설거지를 할 수 있고 참새를 볼 수 있다는 이유로 신에게 감사한다고 상상해보라! 당신과 나는 부끄러워해야 한다. 우리는 그동안 인생의 하루하루를 아름다운 동화의 나라에서 살아왔다. 다만, 그것을 보기에는 눈이 멀어 있었고 그것을 즐기기에는 너무 배가 불러 있었을 뿐이다.

이처럼 세상을 살아가는 데 있어서 불편하지만 않아도 충분히 감사하고 행복한 일인데, 우리는 그것이 행복인 것을 모르고, 꼭 무엇이 이루어져야 행복하다고 생각한다.

우리는 우리가 가지고 있지 않은 것을 한탄하지 말고 건강, 사랑하는 가족, 진실한 친구 등 우리가 가지고 있는 것에 대하여 감사하자. 내가 건강하고 가족, 친구들과 잘 어울려 지내면 그것이 행복한 인생이다.

행복은 소유에서 오는 것이 아니라, 사랑하는 가족과의 화목함, 오랜 친구가 주는 편안함 등 관계에서 오는 것이다. 혼자서 여행하거나, 음악을 듣거나, 운동하는 등 혼자일 때도 행복을 느끼지만, 많은 사람이 가족, 친구들과 맛있는 음식을 같이 먹을 때 행복하다고 느낀다. 현재 내가 맺고 있는 관계가 단절된다면 과연 혼자일 때도 행복할까? 대부분 그렇지 않을 것이다. 인간관계가 단절되면 외롭기 때문이다. 이렇게 생각하니 인간관계의 소중함을 다시 한번 깨닫게 되었다.

이렇게 다른 사람들과 잘 지내는, 관계에서 오는 행복 외에 역설적으로 고통에서 오는 행복도 있다. 지금의 세상은 돈만 있으면 편리한 세상이다 보니 사람들은 돈을 좇고, 고통 없는 즐거움인 쾌락을 좇는다. 하지만 쾌락이 주는 즐거움은 금방 식어버리기 때문에, 더 강한 자극을 좇게 되고 그러다 보면 향락에 빠진다.

이렇게 아무런 고통 없는 쾌락이 행복일까? 쾌락은 애써서 추구하는 것이 없으니 성취감도 없고 성취감을 느끼지 못하니 행복도 느끼지 못하게 된다. 따라서 '쾌락'은 일시적일 뿐, 지속적인 행복이 될 수는 없다.

다음의 사례는 보고 싶어 하는 마음으로 인한 내적인 고통과 정상에 오르기까지 육체적인 고통에서 오는 행복에 관한 이야기이다.

내 딸 민경이는 우리 부부가 맞벌이하느라고 돌봐줄 사람이 없어서 어린이집에 갈 수 있을 때까지 대전에 계신 장모님이 돌봐주셨다. 주말이면 부부가 같이 내려가다가 매주 내려가는 것이 힘들어지면서, 격주에 한 사람씩 내려가기로 했다.

2주마다 보는 민경이를 얼마나 보고 싶었는지, 민경이를 보러 가는 날이 가까워질수록 오히려 시간의 흐름은 더뎌서 그야말로 '일각이 여삼추'였다.

대전에 도착해서 민경이를 만나는 일은 감격의 부녀 상봉이다. 아빠를 부르며 달려 나와서는 아빠가 얼마나 보고 싶었는지 붙어서 떨어지지 않는다. 책을 읽어 달라, 소꿉놀이 해달라, 밖에 놀러 나가자 등 요청사항이 끊이질 않는다.

내가 오기 전날에는 장모님에게 "할머니, 아빠한테 예뻐 보이게 목욕시켜 주세요."라고 했다고 한다. 그런 말을 들으니 마음이 짠했다.

민경이를 만나는 날은 이렇게 좋은데, 다음 날 올라오는 길은 아프고 힘들다. 저녁이 되어 자는 줄 알고 집을 나서면 언제 깼는지 신발도 신지 않고 아빠를 부르며 울면서 달려 나온다. 그러면 민경이를 안고 다시 집에 들어간다.

장모님이 "민경아, 그러면 아빠가 힘들어. 아빠도 집에 가야 쉬어야, 회사에 가서 일하고 다음에 또 보러오지."라고 달래면, 훌쩍이면서 그러면 자기를 재워주고 가라고 한다. 민경이를 등에 업고 자장가를 불러주면 어느새 잠이 든다. 그러면 살며시 뉘어 놓고 집을 나선다. 매번 헤어질 때마다, 민경이도 울고, 장모님도 울고, 나도 울었다. 보고 싶은 사람을 마음대로 보지 못하는 것도 고통이다. 이러한 고통이 있었기에 민경이에 대한 애틋한 마음이 들고, 그래서 더욱 행복함을 느낀다.

등산을 한창 다닐 때는 1년에 90여 차례 등산했지만, 등산을 많이 한다고 해서 등산할 때 힘들지 않은 것은 아니다. 매번 등산할 때마다 힘들다. 그런데도 불구하고 산행 시간이 많이 소요되는 높은 산을 더 선호한다. 어려움의 정도가 클수록 고통도 크지만, 고통에 비례해서 성취감도 크기 때문이다.

대표적인 산행이 1장에서 소개한 폭설이 내리고, 눈보라가 휘몰아쳐서 등산로가 아예 없어져버린 설악산 산행이다. 그때는 무릎까지 쌓인 눈을 헤치고 나아가느라고 힘들기도 많이 힘들었지만, 너무너무 위험한 순간이 많아서 지금 다시 생각해봐도 아찔하기만 하다. 우여곡절 끝에 중청대피소에 도착하여 '정말 살았구나.' 하는 마음에 혼자 울컥하고, 아무도 없는 대청봉에 올랐을 때의 감정을 누가 알 수 있을까? 하산하는 내내 '내가 해냈구나.'라는 성취감으로 고통이 가져다준 행복을 제대로 느꼈다.

행복에 대하여 장옌의 『알리바바 마윈의 12가지 인생 강의』에 나오는 이야기가 있다. 강아지가 어미 개에게 행복이 어디에 있느냐고 물었다. 어미는 강아지에게 꼬리에 행복이 있다고 알려주었다. 강아지는 사력을 다해서 꼬리를 물려고 하였으나 그러지 못했다. 강아지는 엉엉 울며 자신은 행복을 잡을 수 없다고 어미에게 말했다. 그러자 어미는 강아지에게 신경 쓰지 말고 계속 앞으로 가면 행복은 따라올 것이라고 알려주었다.

철학(philosophy)은 '지혜에 대한 사랑(philosophia)'이라는 그리스 말

에서 유래 되었다. '왜 강아지 꼬리에 행복이 있다고 했을까?' 여러분들

도 철학적으로 사색해보는 시간을 통하여 행복에 대한 지혜를 고찰해보

시기 바란다. 지식은 사색을 거쳐야 지혜로 발전한다.

09

삶의
이치에 대한
깨달음

'당신은 삶의 가치를 어디에 두고 있는가?' 어느 책을 읽다가 나온 물음에 나는 사색에 잠겼다. 삶의 가치란 무엇일까? 나는 삶의 가치를 어디에 두고 살았을까?

생각이 정리될 때까지 계속해서 생각을 이어나갔고 마침내 '인생을 어떤 마음으로 살아갈 것인가?'로 정리하였다.

다시 질문을 던진다. '당신은 삶의 가치를 어디에 두고 있는가?' 나는 삶의 가치를 '깨달음'에 두고 있다. '삶의 이치에 대한 깨달음' 말이다. 삶의 이치를 깨닫게 되면 인생을 어떤 마음으로 살아갈지 구체적인 방향을 정할 수 있다.

내가 사색을 통하여 얻은 삶의 이치에 대한 깨달음은 진인사대천명(盡人事待天命), 일체유심조(一切唯心造), 무주상보시(無住相布施)였다.

이로 인해 나의 삶에 대한 가치관이 재정립되었고, 이런 마음가짐으로 살아가면 행복도 강아지 꼬리처럼 나를 따라올 것으로 생각되었다.

1. 진인사대천명(盡人事待天命)

사람으로서 할 수 있는 일을 다하고, 하늘의 뜻을 기다린다는 말이다. 사람으로서 할 수 있는 일을 다한다는 '진인사'는, 주어진 여건에서 최선을 다한다는 말이지만 우리는 너무 쉽게 최선을 다했다고 한다. 그러면 최선을 다했다는 말은 어떨 때 쓸 수 있을까?

"최선을 다했다는 말을 함부로 쓰지 마라. 최선이란 말은 나 자신의 노력이 나를 감동시킬 수 있을 때, 비로소 쓸 수 있는 말이다." 조정래 작가의 말이다.

하늘의 뜻을 기다린다는 '대천명'은, 최선의 노력에도 불구하고 모든 결과는 하늘의 뜻이라는 말이다. 하늘도 다 뜻이 있어서 그런 결과를 보여주기 때문에, 지금 좋은 결과가 나중에도 좋은 것이고, 지금 나쁜 결과가 나중에도 나쁜 것인지는 시간이 좀 지나 봐야 알 수가 있다는 말이다.

정리하면 '진인사'는 내가 노력할 수 있는 영역이고, '대천명'은 내 노력으로는 어찌할 수 없는 영역으로 하늘에서 주어진 결과대로 받아들이라는 말이다.

카페 인수를 위한 계약을 체결하고 잔금 지급일까지 한 달도 채 남지 않았는데, 오피스텔이 매매되지 않는다. 이대로라면 계약금을 날리고 카페 인수는 물 건너가는 것이다. 지금 인수하지 못하면 손해가 눈덩이처럼 불어나서 어떻게 해서든지 지금 해결해야만 했다.

내가 할 수 있는 일은, 근거 자료를 바탕으로 카페 운영 계획에 대한 사업계획서를 일목요연하게 최선을 다해서 만들고 주거래 은행과 협의하는 일이었다. 여기까지는 늘 해오던 일이라 자신이 있었지만, 문제는 대출 요청 금액이 은행에서 인정하는 담보 비율 범위를 초과해서, 본점의 승인 대상이었기에 결과를 예측하기 어려웠다.

하지만 하늘이 도왔는지 정말 어려운 과정을 거쳐서 원하는 대로 대출이 이루어졌다. 시간이 좀 지난 뒤에 만약에 대출이 안 되었으면 어쩔 뻔했을까를 생각하니, 그 당시의 상황이 너무 아찔했고, 시간이 지날수록 감사한 마음뿐이었다.

한편, '대천명'과 관련해서 오피스텔이 원하는 시기에 매매가 이루어졌으면, 마음고생 없이 잔금을 지급할 수 있었겠지만, 내 뜻대로 되지 않으면서 비록 마음고생은 했지만, 금전적으로는 오히려 더 이익이 되었다. 오피스텔에서 나오는 월세 수입으로 대출 이자를 지급하고도 50% 정도는 남았기 때문이다.

블루오션이 될 수도 있었던 스타트업의 공동 경영진에 합류할 기회가 생겨서, 금융 IT 기업의 마케팅 팀장 일을 그만두고, 스타트업에 합류해서 할 수 있는 노력을 다했지만, 추진했던 사업은 관련 법 개정이 무산되면서 사업 기회를 잃고 모든 것이 실패로 끝났다. 사업이 실패로 끝나면서 잘 다니던 회사를 그만두었다는 자책과 후회가 막심했다. 그만둔 회사는 별다른 어려움 없이 운영되었고, 대기업의 인수 제의를 받아들여 사업 환경과 근무 여건이 더 좋아졌기 때문이다.

하지만 사업을 인수한 대기업에서는 7년쯤 관련 사업을 영위하다가, 성장 한계를 이유로 동업종 업계 1위의 업체에 다시 매각하였다. 직원들은 중복 인력이라는 이유로 고용 승계가 이루어지지 않아서 한순간에 직장을 잃었고, 아직은 힘든 시간을 보내고 있다.

나는 사업 실패 후에 소중한 인연으로 창업 전 중소기업에서 재기할 수 있었고, 지금은 카페를 운영하면서 행복한 일상을 보내고 있다. 이렇게 보면 결과적으로는 회사를 그만두고 사업 실패의 어려움을 빨리 겪은 것이 오히려 더 잘된 일이었다.

따라서 지금 좋은 일이라고 자만하거나 들뜰 것도 없고, 지금 나쁜 일이라고 실망하거나 괴로워할 것도 없다.

세상일은 최선을 다한다고 해도 내가 원하는 대로 다 이루어지지 않는다. 원하는 대로 이루어진다고 해서 다 좋은 일도 아니고, 원하는 대로 이루어지지 않는다고 해서 다 나쁜 일도 아니다. 어떠한 결과라도 결과에 연연하지 않고 주어지는 대로 받아들이면 행복한 삶을 살 수 있다.

2. 일체유심조(一切唯心造)

'모든 것은 오직 마음이 지어내는 것이다.'라는 뜻의 불교 용어이다.

원효 스님이 무덤 앞에서 잠을 자다가 잠결에 목이 말라 물을 마셨는데, 물이 참으로 달았다. 아침에 깨어보니 잠결에 마신 물이 해골에 괸 물이었음을 알고 온몸에 역겨운 반응이 일어났다. 상황은 그대로인데 마음의 변화에 따라서 상황이 바뀐 것이다. 원효 스님은 이것을 보고 모든 것은 오직 마음에 달렸음을 깨달았다.

무슨 일을 할 수 있을지 없을지를 결정하는 것도, 일이 어려운 정도가 아니라 내가 마음을 먹기에 따라서 할 수도 있고, 하지 못할 수도 있는 것이다.

코로나19로 인하여 매출이 급감하면서, 나를 포함하여 8명이던 카페 근무자가 3명으로 줄었다. 그런데, 공교롭게도 나머지 2명 모두가 다음 주 토요일, 일요일 이틀 동안 개인 사정으로 일을 할 수가 없다고 어떡하면 좋을지 난감해한다.

몸 상태가 정상이면 하루에 12시간씩 일하는 것이 아무렇지도 않은 일이지만, 위산 역류가 문제였다. 위산 역류는 오전 시간대에 심하고, 식사 후에 움직이면 심하게 올라온다. 또 주문이 밀려서 일이 바빠지면 움직임이 증가하기 때문에, 위산 역류가 더 심해진다. 괜찮은 날도 있지만, 위산 역류가 심한 날에는 한 발자국도 움직일 수 없을 정도로 고통스럽다.

이렇게 위산 역류의 고통을 생각하니 12시간을 혼자서 감당해 낼 엄두가 나지를 않았다. 그러나, 아무리 생각해도 이틀 동안 혼자서 근무하는 수밖에 달리 방법이 없었다. '할 수 있을까?'라는 두려움을 버리고 '할 수 있다!'라는 마음을 먹어야 했다.

막상 '할 수 있다!'라는 마음을 먹고 나자, 고통으로 인한 두려움보다는 '할 수 있다!'라는 마음의 실체를 확인해보고 싶어서, 오히려 다음 주말이 기다려졌다.

다음 주 토요일이 되었다. 출근하기 2시간 전부터 일어나서 복식 호흡으로 컨디션을 조절했고, 뭐라도 먹고 나면 몸 상태가 나빠지기 때문에 식사는 굶기로 했다.

출근해서 곧바로 물류 정리를 하는 데 힘을 좀 썼더니 위산이 역류해서 약간의 고통이 왔지만, 다행히도 회복할 때까지 손님이 없어서 큰 어려움 없이 지나갔다. 오후에도 3시간 정도 바쁘기는 했지만 그래도 손님이 분산되어서 별문제가 없었다.

많이 긴장했었는데 예상 외로 무난한 토요일이 되었다. 이제 하루 남았다. 일요일에도 출근하기 2시간 전에 일어나서 컨디션을 조절하고 공복 상태를 유지했다. 오늘은 물류가 없는 날이라 오전 시간은 잘 지나갔는데, 오후 1시부터 2시간 동안 손님이 너무 한꺼번에 몰렸다. 주문을 소화하지 못할 정도로 손님이 몰려서 그냥 가신 손님도 좀 있었다.

평소에 이 정도로 손님이 몰리면 위산 역류로 도저히 일할 수가 없었는데, 미리 단단히 마음을 먹어서인지 움직일 수 없는 고통의 시간도 있었지만, 어찌어찌 견뎌낼 수 있었다.

영업을 마감하고 퇴근할 때 비로소 허기가 느껴졌고 '내가 해냈구나!'라는 뿌듯한 마음이 들었다. 우리 매니저 같으면 아무렇지도 않게 할 수 있는 일이었을 텐데, 내가 이렇게까지 뿌듯한 마음이 드는 것은, 위산 역류의 고통은 당사자 외에는 알 수가 없는데, 그 고통을 마음으로도 몸으로 이겨냈기 때문이다.

"할 수 있다고 생각하든, 할 수 없다고 생각하든 당신 생각이 맞다." 미국의 자동차 왕 헨리 포드의 말이다.

3. 무주상보시(無住相布施)

'상(모양)에 머무르지 않고 베푸는 일'이라는 뜻의 불교 용어로, 내가 내 것을 누구에게 주었다는 생각조차도 버리고 남에게 내 것을 베풀어 준다는 의미이다.

즉 베풀 때의 마음가짐은 '베풀었다.'라는 자만심이 없어야 하고, 바라는 마음이 없어야 한다.

이와 관련하여 법륜 스님의 〈즉문즉설〉에 나온 내용을 소개한다.

"50대의 가장인데 나름대로 인생을 열심히 살아서 회사에도, 가정에도 도움이 되었다고 생각하는데, 정작 내 인생은 허무하다는 생각이 듭니다. 왜 이런 마음이 드는지 알고 싶습니다.

질문자는 지금 본인이 '해줬다.'라는 마음이 있습니다. 내가 힘들게 일해서 회사도 도와주고, 아내도 도와주고, 다 해줬는데 나에게 돌아오는 것을 보니 해준 것보다 부족하다는 생각에 섭섭한 마음이 들고, 내 인생이 허무하다는 생각이 드는 것입니다.

'내가 해줬다.'라는 생각이 있으면 섭섭한 마음이 일어납니다.

이것을 극복하려면 '아! 내가 보상심리가 있었구나. 내가 뭘 해줬다고 생각하고 있구나. 그래서 내가 섭섭한 마음이 드는구나.'라고 생각해야 합니다.

산이나 바다를 좋아하는 것은, 산이나 바다에 바라는 것이 없으므로 문제가 없지만 사람에 대해서는 바라는 마음 때문에 문제가 생깁니다. 그래서 기대하는 마음을 버리고, '다만 내가 좋아할 뿐이다.'라고 생각해야 합니다. 준 만큼 받으려고 하는 것은 거래일 뿐입니다."

법륜 스님의 말씀을 듣고 보니, 나도 그동안 사랑하는 딸 민경이에게

'해줬다.'라는 마음이 있어서 간혹 섭섭한 마음이 들었음을 알았다. 나는 딸 생일이 되면 편지를 쓰고 선물도 챙겨주는데, 우리 딸은 챙겨줄 때도 있고 지나칠 때도 있어서 섭섭한 적이 있었다.

또 대학생인 딸이 공부하는데 지장을 받지 않게끔 학비와 용돈을 지원해주면서 '아빠는 이렇게 해주는데, 너도 공부로 보답을 해줘.'라는 마음 때문에, 딸이 공부를 열심히 하지 않으면 섭섭한 마음이 들었다.

그런 것이 다 '내가 이만큼 해줬으니까 너도 이만큼 해줘.'라는 거래하는 마음이라는 것을 알고는, 내 생일에 문자로만 축하를 받아도 좋았고, 공부를 열심히 하지 않아도 좋았다. 건강하게 곁에 있는 것만 해도 참으로 행복했다.

흔히들 '내가 너를 어떻게 키웠는데.'라고 말하는데, 이 말도 자식에게 바라는 마음 때문에 섭섭할 때 나오는 말이다. 자식을 키우면서 자식이 효도하든, 불효하든 상관하지 말고 바라는 마음 없이 잘 키우는 것으로 만족해야 한다. 자식에게 무엇을 바라고 키우는 것도 거래이기 때문이다. 자식에 대하여는 엄마가 갓난아이에게 하는 마음이 '무주상보시'이다.

인내가 약한 사람은

삶에 있어서도 약한 사람이다

4장

01

~~~~~

위산 역류와
다발성 통증의
고통

2020년 2월의 어느 날 저녁이었다. 여느 때처럼 식사 후에, 팔 굽혀 펴기를 했는데 200개쯤 했을 때, 오른쪽 어깨와 왼쪽 손목이 삐끗했다. 지금 생각해보면 이때 중단해야 했는데 목표였던 300개를 억지로 채웠다. 10년 이상 해오던 거라 괜찮을 것으로 생각했지만 다음 날 새벽에 문제가 발생했다.

화장실에 가려고 일어나는데 허리가 펴지지 않아서 기어서 갔다. 좀 있으면 카페를 열어야 하는데, '매니저에게 부탁할까? 119를 불러야 하나?' 여러 생각을 하다가 다시 잠이 들었다. 다행인지 불행인지 아침에는 허리에 아무 문제가 없어서 카페에 정상적으로 출근할 수 있었다.

퇴근 후에 다시 근력 운동을 하려고 했지만, 어깨와 손목에는 통증이 남아 있어서 팔 굽혀 펴기는 하지 못하고, 스쿼트와 훌라후프만 하던 대로 계속했는데, 이렇게 한 것이 오히려 병을 키운 것 같았다. 어깨와 손목 외에 왼쪽 무릎에도 통증이 생겨서 병원을 찾았다. 엑스레이를 찍었는데 뼈에는 이상이 발견되지 않아서 약 처방만 받았다. 처방받은 약을 1달쯤 복용했는데도 몸은 전혀 나아지지 않았다. 그사이 10년 이상 해오던 운동을 하지 못하게 되자, 소화 기능이 약해져서 위산 역류가 심해졌다.

위식도 역류 질환을 유발하는 음식을 피하고, 식후 2시간 지나서 눕고, 높은 베개를 사용하고, 왼쪽으로 눕고, 복압을 증가시키는 운동을 피하는 등 일반적으로 지켜야 하는 것을 지키고 있음에도 위산 역류의 고통은 갈수록 심해졌다.

처음 겪는 고통에 겁이 덜컥 났다. 심할 때는 아예 누울 수도 없었고, 어쩌다 잠이 들어도 위산 역류로 잠이 깨면 최소 2시간에서 최장 5시간까지 식도가 타들어가는 극심한 고통 속에서 목을 쥐어뜯으며, 숨도 겨우 쉴 수 있을 뿐이었다.

얼마나 고통스러운지 말로 다 표현할 수 없을 정도로 끔찍하다. 고통의 시간이 지나고 나면 얼굴과 온몸은 식은땀으로 범벅이 되었다. 일반적인 위산 역류가 아니었기에 병원에서 처방받는 약으로는 치료가 되지를 않았고 특별한 치료 방법도 없었다. 그렇게 아무런 방법도 없이 1주일에 3일 이상 극심한 고통을 두려움 속에서 견뎌내야만 했다.

'목마른 자가 우물을 판다'고 특별한 치료 방법이 없다는 걸 알면서도 인터넷을 검색하다가 눈에 띄는 기사를 발견했다. '약도 안 듣는 난치성 위·식도 역류 질환자, 내시경 시술로 치료합니다.'라는 기사였다. 자세히 읽어보니 내시경으로 하부 식도 점막 일부를 도려내면 점막이 치유되는 과정에서 점차 오그라들면서 느슨했던 위·식도 접합부를 조이게 되어 위식도 역류 질환이 완화되는 시술법이라고 적혀 있었다.

'이거다!' 하고 쾌재를 부르며 해당 병원에 전화했고, 정밀 검사를 받기 위해 4월에 입원했다. 검사는 1박 2일 동안 진행되었는데, '위내시경'은 기본이고, 식도 기능의 이상 여부를 검사하는 '식도 조영술', 식도 운동 정도를 검사하는 '식도 운동 검사', 식도 하부 압력을 살피는 '엔도플립 검사', 코를 통해 얇은 관을 위까지 넣어 24시간 동안 위와 식도 부위의 산도 변화를 살피는 '24시간 산도 검사' 등 많은 검사를 받았다. 검사를 받으면서 힘들기도 했지만, 이제는 위산 역류의 고통에서 벗어날 수 있다는 기대감으로 검사받을 때 힘든 것은 아무것도 아니었다.

병원에 입원한 지 3일째에 검사 결과를 들을 수 있었다. 위·식도 접합

부가 느슨한 상태가 아니어서 내시경 시술이 필요가 없다는 것이다. 또한 다른 식도 기능도 정상이어서 병원에서는 조치할 사항이 없다고 했다. 나는 이렇게 고통스러운데 검사 결과가 정상이라니 너무 허탈했다.

다만 역류 질환 치료제로 신약이 나왔는데 처방해줄 테니 복용해보라고 한다. 퇴원해서는 신약 덕분인지 위산 역류의 고통은 없었지만, 위산 분비를 억제하는 약이다 보니 소화불량의 부작용으로 식사를 제대로 할 수가 없어서 복용을 중단했다.

그런데 복용을 중단한 다음 날 아침에 여태껏 가장 심한 위산 역류의 고통을 겪었다. 아침 일찍 에어컨 청소 예약이 되어 있어서 급하게 출근하다가 위산 역류가 시작되었다. 겨우 카페에 도착해서 문을 열고는 극심한 고통에 비명에 가까운 소리를 지르기 시작했다. 에어컨 청소를 하시는 분이 놀라서 어쩔 줄을 몰랐다.

위산 역류가 심해서 그렇다고 괜찮으니까 청소하시라고 겨우 말을 건넸다. 그사이 매장을 청소해주시는 이모님도 출근하시고, 매니저도 출근했다. 모두에게 내가 고통스러워하는 모습을 보여서 마음이 무거웠다.

그렇게 2시간 정도의 극심한 고통으로 몸은 파김치가 되었지만, 다발성 통증으로 다시 병원을 찾았다. 처방받은 약으로 치료가 되지 않고 증상은 오히려 더 심해져서 왼쪽 무릎은 계단을 내려갈 수 없을 정도로 나빠졌다.

병원에서 MRI 검사를 받았는데, 무릎은 물이 조금 차 있는데, 빼낼 정도는 아니고 어깨와 손목은 염증이 있는 정도라고 했다. 검사 결과를 들으면 별문제가 없는 것처럼 들리지만, 실제로는 왼쪽 무릎은 굽혀지지 않았고, 왼쪽 손목은 조금만 눌러도 통증이 심하고, 오른쪽 어깨는 손을 반 정도밖에 들 수 없을 정도로 통증이 심했다.

MRI 검사에서도 별문제가 없고 치료에도 진전이 없자 이번에는 '혈액 염증 수치 검사'를 받았는데 염증 수치가 측정 불가라고 한다. 이렇게 측정 불가가 나오면 큰 병이 의심된다고 했다. 다발성 통증도 일반적인 통증이 아니라 자가면역질환이 관절에 나타난 것일 수 있다며 소견서를 써줄 테니 류마티스 내과가 있는 대학병원으로 가보라고 한다.

대학병원에서도 다시 한 번 '혈액 염증 수치 검사'를 받았고 역시나 문제가 있다고 했다. 큰 병이 있을 수 있다며 복부 CT 검사를 해보자고 한다. 병원에서 문제가 있다고 하니 걱정이 될 수밖에 없었는데, 다행히 검사 결과는 아무 이상이 없는 것으로 나왔다. 병원에서는 아주 드물게 아무 이상이 없는데도 혈액 염증 수치가 높게 나올 수도 있다며 그냥 지내시라고 한다. 나는 "혈액 염증 수치는 위산 역류로 극심한 고통을 겪고 있어서 그런 거 아닌가요?"라고 말했지만, 대학병원의 의사 선생님도 그런 고통이 어떤 것인지는 공감을 못 하신다.

나는 위산 역류로 겪고 있는 고통을 설명해드렸고, 전에 위산 분비를 억제하는 신약을 처방받았는데 효과는 있었지만, 소화불량의 부작용으로 복용을 중단했다는 말씀을 드리자 신약과 소화불량 개선제를 같이 처방해주셨다.

큰 기대를 하지 않았지만, 대학병원에서 처방해준 약을 먹으면서 새벽에 위산 역류로 고통을 겪는 날이 많이 줄어들었고, 6개월 정도 꾸준히 먹다 보니 새벽에 겪었던 위산 역류의 고통에서는 완전히 벗어났다.

하지만 새벽의 극심한 고통에서만 벗어났을 뿐, 아직도 위산 역류의 고통은 진행 중이다. 아침에 일해야 하는 날은 일찍 일어나서 복식 호흡으로 컨디션을 조절해야 하고, 아침에 컨디션이 가장 안 좋아서 아침 식사는 안 하고 있으며, 복압을 증가시키는 일도 가능하면 안 해야 한다.

점심을 먹고 카페에 걸어가는 10여 분도 내게는 여전히 힘든 날이 많다. 식사량을 줄이면 그나마 편하게 걸어갈 수 있지만 일하면서 허기가 진다. 그래도 아픈 것보다는 배고픈 것이 낫다. 일부러라도 '소식'을 하는데 나는 자연스럽게 '소식'을 하게 되었다. 먹는 양이 점점 줄어들다 보니 살이 많이 빠져서, 보는 사람마다 걱정스러운 눈빛으로 "왜 이렇게 살이 많이 빠졌냐?"고 한다.

지금도 위산 역류의 고통을 가끔 겪고 있지만, 그래도 이만하길 다행이라는 생각이 든다. 위산 역류가 죽을병은 아니기 때문이다. 아프면 아픈 대로 괜찮으면 괜찮은 대로 살아갈 수 있어서 참으로 다행이다.

한편 다발성 통증은 여전히 진행 중이다. 대학병원에서도 류마티스 소견은 없어서 일반적인 소염제를 처방받았다. 왼쪽 무릎이 조금 나아지긴 했으나 여전히 계단을 오르내리는 일이 힘들다. 아침에 일어나면 양손의 손가락이 굳어서 2시간은 지나야 주먹을 쥘 수 있었고, 왼쪽 손목과 오른쪽 어깨의 통증도 그대로여서 카페에서 아무 일도 할 수가 없었다. 그러다 보니 카페에 나와서 할 수 있는 것은 청소년교육과 학과 공부를 하다가 퇴근하는 일이었다.

어느 날은 주문이 밀려서 뭐라도 도움이 돼야 했는데, 마침 왼쪽 손목의 통증이 덜해서 오른손으로 하던 탬핑을, 서툴지만 고육지책으로 왼손으로 하게 되었다.

그런 대로 할 만했지만, 얼마 못 가서 왼쪽 손목의 통증이 더 심해졌다. 결국은 인대 손상으로 손목에 깁스까지 하게 되었다.

다발성 통증으로 카페 일을 할 수 없게 되고, 약을 처방받아도 증세는 그대로이고, 언제 나을지도 모르는 기약 없는 시간만 흘러가서 마음도 우울해져가고 있었다.

그렇게 시간은 어느덧 6개월이 지나서 9월이 되었다. 다음 달에는 마감 시간에 근무하는 알바생이 그만둔다고 한다. 코로나19로 매출이 급감해서 알바생을 새로 뽑을 수는 없고, 그 자리에 내가 들어가서 일해야 했지만, 이 상태로는 아무것도 할 수가 없었다.

사람들은 절체절명의 순간이 되면 구원의 기도를 한다. 그런데 흔히들 무엇을 해 달라는 구원의 기도는 옳은 기도 방법이 아니다. 기도는 없음을 한탄해서 무엇을 바라는 것이 아니라, 일상의 충만함에 대하여 감사를 하는 것이다.

'명동성당 기도문'에서도 무엇을 갈망하는 내용은 없다. '날마다 평범한 생활 속에서 감사를 발견하게 하고, 무엇이 생겨서가 아니라, 무엇이 나에게 발생하지 않음을 감사하게 해달라'는 성찰의 기도이다.

불교에서도 기도는 돈을 많이 벌게 해달라, 건강하게 해달라, 시험에 합격하게 해달라는 등 세속적인 것을 바라는 것이 아니고, 일상의 충만함에 대하여 감사의 기도를 하라고 가르친다. '부처님 감사합니다. 오늘도 무탈한 하루였습니다. 감사합니다. 부처님.'

이렇게 무엇을 해달라는 것이 아닌, 무엇이 새롭게 발생하지 않은 평범한 일상에 대하여 감사를 해야 하는데, 상황이 워낙 절박하다 보니 나도 모르게 간절하게 구원의 기도를 하고 있었다. "부처님, 다음 달에는 제가 일을 해야 합니다. 제발 나을 수 있게 해주세요. 제발 일할 수 있게 해주세요. 간절하게 기도합니다. 감사합니다."

처방받은 약으로는 나아짐이 없어서 약은 중단한 상태였고, 오직 나을 수 있게 해달라는 간절한 마음밖에 없었다.

종교가 있어서 부처님에게 기도한 것은 아니었다. 다만, 집착을 버려야 괴로움에서 벗어나고, 괴롭지 않은 것이 행복한 것이라는 불교의 가르침이 좋아서 부처님에게 기도하게 된 것이다.

1주일이 지나자 신기하게도 다발성 통증이 조금씩 좋아지고 있었다. 아무것도 할 수 없었는데, 탬핑도 조금씩 가능해지고, 손목과 어깨의 통증도 조금씩 나아져서 설거지도 겨우겨우 할 수 있는 정도가 되었다.

통증이 조금씩 나아지면서 날마다 간절한 기도는 이어졌고, 날마다 조금씩 좋아지고 있었다. 시간이 흘러서 10월이 되었고, 알바생은 그만두었다.

코로나19로 매출이 급감한 것이 다행인지, 바쁘지 않아서 혼자서도 해볼 만할 정도로 몸은 더 나아졌고 2020년 12월이 지나기 전에 혼자서도 충분히 일할 수 있을 정도로 완전히 나았다.

처방된 약을 먹은 것도 아니고, 간절한 마음으로 기도한 것밖에 없는데 어떻게 알바생이 그만두는 시점에 맞추어서 나을 수 있었는지, 나보다도 옆에서 모든 과정을 지켜본 매니저가 더 신기해했다.

종교적인 것을 말하고 싶은 것이 아니다. 돌이켜 생각해보면 '코로나19가 시작되면서 걱정하는 마음이 스트레스가 되어서 다발성 통증으로 나타난 것이 아닌가?' 하는 생각이 든다. 스트레스는 호르몬의 분비를 억제하여 모든 병의 원인이 된다고 한다.

결국은 걱정하는 마음이 병을 키우고, 병이 낫길 바라는 간절한 마음이 병을 극복하게 한 건 아닌가 하는 생각이 든다.

하버드 의대 교수인 제롬 그루프먼의 『희망의 힘』에서 발췌한 내용이다.

사람들이 병을 극복하는 과정에서 '희망'이 중요한 역할을 합니다. '희망'은 분노, 사랑, 공포 등 다른 모든 감정과 마찬가지로 마음을 토대로 합니다. '희망'을 토대로 믿음과 기대를 갖는 사람은 뇌에서 그러한 화학물질을 배출하기 때문에, 성공할 가능성이 큽니다. 믿음과 기대의 효과인 '플라시보 효과'가 이와 같습니다.

2020년,
코로나19의 기록
'그래도 이만하길 감사합니다'

김미경 강사는 『리부트』에서 코로나19 초기에 '처음 며칠 동안만 이러다 말겠지.'라고 생각했다가, 2월로 접어들자 '이거 정말 심각한데? 오래 가겠어.'라는 생각으로 바뀌었다고 했다.

또한, 모든 강의가 취소되고 회사에 비축된 자금도 한두 달 정도밖에 버틸 수 없는 절박한 상황에 부닥친 코로나 초기에는, 힘겨워서 가만히 있어도 마음이 자꾸 우울과 불안으로 기울어져 갔다고 소회를 밝히고 있다.

나도 마찬가지였다. 1월 20일에 우리나라에도 최초 확진자가 발생했지만, 길어야 1~2달이면 끝날 거로 생각했다. 1월 매출도 전년과 대비해서 별 차이가 없었기에 더욱 그렇게 생각했다.

그러나 2월에 신천지 대구교회를 매개로 집단 감염이 발생하면서 상황이 급변했고, 2월 영업 실적은 급격하게 줄어들었다. 전년 대비 매출액은 25% 줄었고, 적자를 기록했다. 영업 실적이 급감하자 불안하기도 하고, 궁금하기도 해서 2015년 5월에 우리나라에도 첫 감염자가 발생했던 중동호흡기증후군인 메르스 사태 때의 매출액을 찾아보았다. 5월을 기점으로 11월까지 매출액이 지속해서 하락하였다.

6월부터 9월까지는 성수기여서 매출액이 반등할 수도 있었지만, 성수기의 영향도 없이 속절없이 하락하였다. 이렇게 메르스로 인한 매출액 하락은 12월에 내가 매장을 인수하게 된 계기가 되었다.

당시 메르스 사태는 2015년 12월 24일 0시에 상황 종료가 선언될 때까지 누적 186명의 환자가 발생하였고, 38명이 사망하였다.

반면에 코로나19는 2월 말 현재 누적 3,526명의 확진자가 발생하였고, 17명이 사망하였다. 매출 관련 자료와 피해 상황을 확인해보고 나서, 코로나19는 메르스와는 비교도 안 될 정도로 오래갈 것 같은 생각이 들었다.

이렇게 상황이 심각함을 느끼고 먼저 통장 잔액부터 확인했다. 다행히 평소에도 만일에 대비하기 위한 여유 자금을 확보하고 있어서, 최악의 상황에도 7~8개월 정도 버틸 여력이 있었다. 창업 전 회사에서 현금 흐름의 중요성을 학습한 결과이다. 자금 여력을 확인하고 나서 조금은 안심이 되었지만, 그래도 한편으로는 걱정스러운 마음이 들었다.

3월 들어서 확진자가 전달 대비 1.8배 폭증하면서 3월 영업 실적은 더 많이 줄어서 전년 대비 매출액은 35% 줄었고, 2월에 이어 2달 연속 적자를 기록했다.

'걱정하지 말자. 지금은 어쩔 수 없다. 내가 걱정한다고 해결될 일도 아니다.'라고 자신을 다독여도 누구도 예측할 수 없는 사상 초유의 사태에 불안한 마음이 드는 것은 어쩔 수 없는 일이었다. 더구나 3월부터는 매장에서 일할 수 없을 정도로 몸 상태가 급격히 나빠져서 자꾸만 우울한 마음이 들었다.

하지만 그때마다 걱정하는 나를 자각하고, 우울해하는 나를 자각하는 '마음 챙김'을 하고 있어서 '그래도 이만하길 다행이다.'라는 마음으로 흔들리지 않았다.

4월부터 7월까지는 확진자가 대폭 줄어서 영업 실적이 다소 개선되었다. 전년 대비 매출액은 평균 14% 줄었고, 이익금은 평균 63% 줄었지만,

적자에서는 벗어났고 매출액은 매월 소폭이나마 증가하고 있었다. '정말 이만하길 다행이다.'라는 마음이 들었다. 하지만 8월에는 다시 확진자가 폭증하여 7월 대비 약 4배나 늘었다. 이렇게 확진자가 폭증하다 보니 8월은 성수기 중에서도 극성수기였지만 메르스 때와 마찬가지로 성수기의 영향이 전혀 없었다. 오히려 5월, 6월, 7월보다도 매출액이 줄었다.

문제는 9월이었다. 8월에 확진자가 폭증하다 보니 코로나19 사태 이후 처음으로 영업 제한 조처가 내려졌다. 8월 31일부터 9월 13일까지 14일간 포장과 배달만 허용하고 매장 내에서는 취식을 할 수 없는 매장 내 영업금지 조처가 내려진 것이다.

다행히 이 기간에 확진자 수가 줄어들며 영업금지 조치는 추가 연장 없이 예정대로 9월 13일에 종료되었다. 9월 14일부터는 새로운 조치사항으로, 테이블 띄어 앉기가 시행되었다. 테이블 간 간격을 최소 1m 이상 띄어야 했는데, 이러한 조치로 약 30%의 좌석이 폐쇄되어 영업에 지장을 줄 때도 있었지만, 내점 손님이 워낙 많이 줄어서 큰 영향은 없었다.

14일간 내려진 매장 내 영업금지의 영향으로 이 기간의 매출액은 전년 대비 70%나 감소해서 9월 영업 실적은 최악의 실적을 기록했다. 전년 대비 매출액은 44% 줄었고 최악의 적자를 기록했다.

한편, 매장 내 영업금지 조치로 매출이 대폭 하락하는 시기에, 다행스럽게도 몸 상태는 조금씩 좋아지고 있어서 혼자서 겨우겨우 할 수 있을 정도는 되었다.

그즈음 청소년교육과에 편입하여 1학기를 마치고 '마음 챙김'에 대한 졸업논문을 준비하고 있었는데, 지금은 이럴 때가 아니라는 판단으로 학과 공부는 그만두었다.

지금은 오직 카페에만 신경을 써야 했다. 다행히 몸 상태도 계속해서 좋아지고 있었다.

10월에도 확진자 감소세는 이어져서, 테이블 띄어 앉기 외에 다른 조치는 없었기에 매출액과 이익금도 전년 대비 90%까지 회복되었다.

그러다가 연말에 또 한고비가 찾아왔다. 11월에 월별 최고의 확진자를 기록하였고, 확진자의 폭증은 11월 24일부터 또 한 번의 매장 내 영업금지 조치로 이어졌다.

9월의 매장 내 영업금지 조치는 14일에 그쳐서 이번에도 짧게 끝나기를 기대하고 있었지만, 12월의 확진자는 11월보다 약 3.4배나 폭증하여 11월 24일에 시작된 매장 내 영업금지 조치는 연장을 거듭하여 12월에도 이어지고 있었다.

일이 바쁘면 다른 생각을 할 틈도 없지만, 어쩌다 간간이 포장 손님만 있을 뿐이니 매장은 너무나도 한가해서 눈은 책을 보고 있지만, 책은 읽히지 않고 자꾸만 부정적인 생각이 들었다. '이런 상황이 지속한다면 정말 큰일인데, 언제나 영업 제한 조치가 해제될까? 이러다가 정말 잘못되는 거 아닌가?'

이렇게 계속해서 걱정하는 마음이 들었지만, 그럴 때마다 걱정하는 나를 알아차리고 있어서 더는 걱정이 진행되지 않고 사그라들었다.

11월까지 배달은 안 하고 있어서 포장만 가능했지만, 9월의 경험으로 포장 주문만 받아서는 안 되겠기에 매출에 조금이라도 보탬이 되고자 하는 생각에 12월부터는 배달을 시작하였다. 많은 매장이 배달 서비스를 도입하고 있어서 괜찮겠지, 하는 마음에 구체적인 수익률은 따져보지도 않고 일단 시작부터 했고, 12월 매출에서 배달이 차지하는 비중은 18%에 이르렀다.

배달 매출이 추가되었음에도 12월 내내 이어진 매장 내 영업금지 조치로 12월 영업 실적은 최악을 경신하여 전년 대비 매출액은 75% 줄었고, 적자 금액도 9월보다 1.4배 증가하여 최악의 적자를 기록했다.

2020년 내내 이어진 매출액의 급격한 감소로 1월에 나를 포함해서 7명이던 근무 직원이 7월에는 5명으로 줄었고, 12월에는 3명까지 줄었다.

전년과 비교해서 연평균 인원이 30% 줄었고, 인건비는 15% 줄었다. 인건비를 30%까지도 줄일 수 있었지만 내가 6개월 동안 일할 수 없었기에 어쩔 수 없는 일이었다.

알바생을 줄이게 되면서, "시국이 이래서 어쩔 수 없다. 미안하다."라고 하는데, 그만두게 된 알바생들은 "사장님이 미안해하지 않으셔도 돼요. 이해해요."라고 오히려 나를 위로해줘서 미안한 마음이 더했다. 지금 상황에 다른 곳에서 알바 자리를 구할 수 있는 것도 아니어서 정말 미안했다.

그렇게 고단했던 2020년이 지나갔다. 2020년 전체의 영업 실적은 전년 대비 매출액은 25% 줄었고, 이익금은 92% 줄어서 적자만 겨우 면한 상태였다.

코로나19가 시작된 2020년에는 '이만하길 다행이다.'라는 말을 얼마나 자주 되뇌였는지 모르겠다. 그런데, 정말로 이만하길 다행이었고 정말로 이만하길 감사한 일이었다.

몸 상태도 좋아져서 온전히 일할 수 있게 된 것도 정말 다행이었고, 정말 감사한 일이었다. 남들은 일부러라도 다이어트를 하는데, 나는 위산 역류로 인해서 적게 먹게 되고, 천천히 꼭꼭 씹어 먹게 되면서 다이어트를 할 일이 없었다.

위산 역류로 고통은 있었지만, 위산 역류로 좋은 식습관을 갖게 되었다. 이렇게 보면 위산 역류도 꼭 나쁘다고만 볼 수는 없다. 모든 것은 다 양면성을 가지고 있어서, 어떻게 볼 것인가는 자신에게 달린 것이다.

03

2021년,
코로나19의 기록
'배달 매출은 효자일까?'

11월 24일부터 시작된 또 한 번의 매장 내 영업금지 조치는 해를 넘겨서 2021년에도 이어지고 있었다. 여전히 포장과 배달만으로는 너무너무 한가했고, 손님도 없는 매장에 난방을 하는 것도 사치인 거 같아서 전기난로에 의존했다. 그러다 보니 몸도 마음도 한겨울의 을씨년스러운 벌판에 내동댕이쳐진 것처럼 시려왔다.

당시 영업시간에 제한은 없었지만, 저녁에는 더욱 한가해서 언제 올지도 모르는 손님을 기다리는 것도 무의미해서 저녁 7시가 되기 전에 영업을 종료하는 날이 많았다.

손님이 없으니 카페에 출근해서 일하는 하루하루가 지루하고 힘든 날이 되었다.

그래도 시간은 흘러갔고 이번에는 매장 내 영업금지 조치가 추가 연장 없이 종료될 것 같다는 뉴스를 접하고, '이제부터는 제대로 일할 수 있을까?' 하는 염려도 있었지만, 매장 내 영업금지 조치가 해제되었다는 것만으로도 무한하게 감사하고 또 감사했다. 2020년 11월 24일부터 시작된 매장 내 영업금지 조치는 2021년 1월 17일까지 무려 55일이나 지속한 후에 종료되었다.

장기간 이어진 매장 내 영업금지 조치와 1월 18일부터 적용된 4명까지만 가능한 사적 모임 인원 규제로 1월 영업 실적은 12월과 크게 다를 바 없는 적자 결산이 되었다. 그래도 매출은 조금씩이나마 회복되고 있어서 위안이 되었다.

한편, 12월에 급하게 '궁여지책'으로 시작한 배달은 매출에는 도움이 되었지만, 수익에는 별 도움이 되지 않는 것 같아서 12월 배달 매출 현황을 근거로 수익률 분석을 해봤는데 결과는 처참했다. 기본적으로 매장에서 부담하는 이용 수수료와 결제수수료가 너무 높고, 손님들이 부담해야 할 배달비의 일부를 매장에서 부담하다 보니 수익률이 너무 낮았다.

그런데 여기에는 인건비가 포함되지 않은 것이다. 인건비까지 투입하면 정말로 남는 것이 없었다. 이렇게 수익률이 낮으리라고는 미처 생각지도 못한 일이었다. 장사는 매출보다 중요한 것이 이윤이다. 매출에는 도움이 되지만, 팔아도 남지 않는 장사가 무슨 의미가 있겠는가?

구체적으로 분석을 해보니 베이커리가 문제였다. 베이커리는 기본적으로 수익률이 낮아서 베이커리가 포함된 주문이나, 베이커리만 주문할 때는 수익이 낮거나, 심지어 손해가 발생하는 때도 있었다.

문제가 있음을 알았는데 이렇게 계속할 수는 없었다. 변화가 필요했는데 세 가지 방법이 있었다. 첫 번째는 메뉴의 변화 없이 지금처럼 수익률이 낮아도 많이 팔아서 적정 수익을 확보하는 '박리다매' 전략이 있었고, 두 번째는 베이커리만 주문할 때는 배달이 불가함을 공지하는 방법이 있었고, 세 번째는 메뉴에서 아예 베이커리는 삭제하는 방법이 있었다.

좀 더 구체적으로 생각해보니 '박리다매' 전략은 리뷰 이벤트로 매출을 증가시킬 수는 있지만 이렇게 하면 일하는 직원을 추가로 투입해야 해서 추가 인건비를 생각하면 맞지 않는 전략이었다.

두 번째는 베이커리만 주문하는 경우는 많지 않고 음료와 같이 주문하는 경우가 많아서 이 방법도 효과적이지 않았고, 세 번째 방법인 메뉴에서 아예 베이커리를 삭제하면 수익률은 개선이 되겠지만 주문 건수의 감소가 우려되었다. 하지만 실현 가능한 방법은 세 번째 방법이어서 2월부터는 배달 메뉴에서 베이커리는 삭제하고 음료만 남겨두었다.

주문 건수 감소의 우려 속에서 2월 배달 매출을 결산해보니, 주문 건수는 40% 줄었지만, 수익금은 오히려 1.5배가량 늘어서, 종전보다는 적게 일하고 많이 벌었다. 이러한 추세는 계속 이어져서 수익금 규모가 크지는 않았어도 효과적인 방법이 되었다. 이렇게 방법을 개선하고 괜찮은 결과까지 확인하고 나니, 찜찜했던 생각도 정리가 되었다.

2월부터 음료 배달만으로 수익성을 개선하여 그런 대로 운영 중이었으나, 코로나19로 비대면이 활성화되면서 배달 수요가 급증한 탓인지 7월부터는 배차가 되지 않는 일이 종종 발생하였다. 30분이 지나도 배차가 되지 않으면 앞으로도 배차가 될 기약이 없어서 주문하신 손님에게 배차가 되지 않는다고 양해를 구하고 주문을 취소해야 했는데, 이해해주시는 손님이 있는 반면에 화부터 내시는 손님도 있었다.

라이더를 운영하는 지사에 배차가 안 될 것 같으면 미리 연락을 달라고 부탁해도 알았다고만 할 뿐 바빠서인지 연락이 없었다.

또한, 매장에서 음료를 일찍 픽업해도, 다른 곳을 거쳐서 가는 경우가 많아서 배달이 늦는 적도 종종 있었다. 이로 인해서 음료가 식었다거나, 음료의 얼음이 다 녹았다는 등 손님들의 항의 역시 매장에서 감수해야만 했고, 심한 경우 변상을 해주기도 했다. 이렇게 배달 관련 민원을 매장에서 전부 떠안다 보니, 배달은 스트레스의 요인이 되고 있었다.

7월에 이어 8월에도 배차가 되지 않는 일이 종종 발생하면서 매장에서 일할 때 배달 주문이 들어오면 반갑지 않았다. 배차, 음료 제조, 픽업, 배달 완료까지 단계별로 계속 신경을 써야 했기 때문이다. 한번은 매니저

혼자 근무하는 상황에서 배차가 안 되고 있어서, 손님에게 양해를 구하려고 전화를 했는데, 엄청나게 화를 내고 욕을 했다고 한다.

코로나19 타개책으로 배달을 시작했지만, 매출에 보탬이 되는 것보다 배달로 인한 스트레스가 더 많았고, 직원에게도 스트레스를 주면서까지 지속해야 할 만큼 수익이 많은 것도 아니어서 배달은 8월을 끝으로 중단했다. 배달 시장에 대한 경험을 얻었으니 그것으로 충분했다.

2월부터 10월까지는 사적 모임 인원 규제와 관련한 조치 외에 다른 심각한 규제는 없었고 확진자도 6월까지는 정체, 7월부터는 다시 증가 추세에 있었지만, 영업 실적은 작년과 마찬가지로 성수기의 효과도 없이 정체되어 2019년 동기 대비 매출액은 70%, 이익금은 30% 수준에 머물렀다. 그래도 적자는 아니어서 다행이라고 생각했다.

11월 1일부터는 첫 확진자 발생 651일 만에 단계적 일상 회복 1단계가 시작되어, 매출 증가에 대해 기대를 하고 있었지만, 단계적 일상 회복 중에도 확진자는 10월보다 1.6배 증가하여, 11월 매출액은 매장 내 영업금지 조치가 있었던 전년도 11월 매출액에도 미치지 못하고 적자를 기록하고 말았다. 단계적 일상 회복 단계였지만 코로나19 사태 이후로 가장 많은 확진자가 발생한 탓이었다.

12월 1일에 우리나라에도 오미크론 첫 확진자가 발생하는 등, 확진자가 11월보다 폭증하여, 결국 12월 6일부터 단계적 일상 회복이 중단되었고, 사적 모임 인원은 10명에서 6명으로 줄었다. 12월 18일부터는 사적 모임 인원이 4명으로 더 줄었고, 미접종자는 단독으로만 이용 가능한 방역 패스가 시행되었고, 영업시간은 21시까지로 단축되었다. 이렇게 영업 제한 조치가 강화되다 보니 12월의 매출액 감소는 말할 것도 없었고, 적자는 물론이거니와 적자 금액도 11월보다 큰 폭으로 늘어났다.

12월 18일부터 방역 패스를 시행하면서 일행 중 미접종자가 있어서 입장이 안 된다고 하면, 다른 곳은 이렇게 까다롭게 안 하는데 여기만 까다롭게 한다고 오히려 화를 내는 손님들도 있었고, 일행이 있는 손님들의 경우 접종 증명이 확인되지 않아서 입장이 안 된다고 하면, 말로만 접종했다고 막무가내로 직원에게 거칠게 반말을 하고, 욕을 하는 손님들도 있었다.

혼자서 근무하는 상황인데 음료도 만들어야 하고, 방역 패스도 확인해야 하고, 방역 패스에 관해서 안내도 해야 해서, 방역 패스를 원칙대로 수행하는 것은 힘겨운 일이었다.

이렇게 힘겨웠던 2021년을 마감하고 보니 매출액은 전년보다 13% 줄었지만, 그래도 2년 연속으로 적자는 겨우 면하고 있어서 감사할 따름이었다. 2021년에는 내가 온전히 일할 수 있었기에 연평균 인원이 전년보다 30% 줄었고, 따라서 인건비도 전년보다 31% 줄었기 때문에 매출 감소에도 불구하고 적자를 면할 수 있었다.

코로나19를 2년째 겪다 보니 매출에 대한 눈높이도 점점 낮아져서 말도 안 되는 매출이 나와도 그러려니 하게 되었다. 이윤을 남기지 못하는 달이 있어도 개의치 않았다. 지금은 어쩔 수 없는 일이었고, 걱정한다고 될 일도 아니었고, 오로지 참아내고 견뎌내야 하는 시기였기 때문이다.

2022년,
코로나19의 기록
'새벽이 가까울수록 밤이 더 어둡다'

1월 17일부터 사적 모임 인원이 4명에서 6명으로 늘어났지만, 미접종 자는 단독으로만 이용 가능한 방역 패스가 계속 시행 중이고, 21시까지의 영업시간 단축도 계속 이어지다 보니 19시가 넘어가면 매출을 기대할수 없었고, 사적 모임 인원이 6명으로 늘어난 효과도 전혀 없어서, 1월의매출액도 계속해서 부진을 면치 못했다.

또한, 오미크론이 1월 16일에 50.3%의 검출률을 기록하며 국내에서 우세종이 되었는데, 우세종인 오미크론 변이의 전파력은 델타 변이보다 2배 이상 높아서, 1월의 확진자도 폭증했다.

이렇다 보니 1월의 매출액은 코로나19 이전인 2019년 1월의 매출액보다 42% 감소하여, 작년 11월부터 3개월 연속 적자를 기록한 것은 물론이고, 적자 금액도 계속해서 증가하였다.

2월의 첫날은 설날이어서 '그래도 좀 나아지지 않을까?'라는 기대를 했지만, 설 연휴가 끝나고 보니, 코로나19 이전인 2019년 설 연휴의 매출액보다 41% 감소했고, 작년 설 연휴의 매출액보다는 18% 감소했다. 이렇게 확진자의 지속적인 증가와 함께, 영업 실적도 갈수록 악화하고 있었다.

이러다가 2월 17일에는 일일 확진자가 처음으로 10만 명을 넘어섰다. 이렇게 확산세가 거세지고 있음에도 불구하고 정부에서는 "깊어가는 민생경제의 어려움을 고려해 방역 의료체계가 감당할 수 있는 수준에서 최소한의 조정은 불가피하다."라는 방침을 밝히며, 2월 19일부터 사적 모임 인원은 6명 그대로 유지하지만, 영업시간은 22시까지 연장한다고 발표하였다.

하지만, 영업시간이 1시간 연장되었음에도 이로 인한 아무런 효과도 없이 일일 매출액은 오히려 계속해서 하락하여 2월의 매출액은 코로나19 이전인 2019년 2월의 매출액보다 52% 감소하여, 4개월 연속 적자를 기록하였고 적자 금액도 4개월 연속으로 증가하였다.

한편, 오미크론 변이의 영향으로 거세진 확산세는 우리 매장에도 영향을 미쳤다. 나를 포함해서 3명의 근무자 가운데, 나를 제외한 나머지 2명이 공교롭게도 2월 27일 같은 날에 코로나19 확진 판정을 받은 것이다.

1월 초에 이틀간 혼자서 매장을 운영한 경험이 있었지만, 이번에는 1주일을 혼자서 버텨야 한다고 생각하니 막막했다. 매장이 한가해서 일에 대한 염려는 없었지만, 휴식 없이 1주일을 꼬박 근무해야 하는 체력적인 문제와 위산 역류로 근무 중에는 식사를 할 수 없어 종일 굶어야 하는 문제가 있었다.

하지만, 다른 방법이 없었기에 '내가 해낸다.'라는 굳건한 사장의 마음으로 정신을 다잡았고, 식사 문제는 1주일간 1일 1식의 간헐적 단식을 한다고 생각하기로 했다. 다른 사람들은 건강을 위해서 일부러라도 간헐적 단식을 하는데, 나는 이번 기회에 간헐적 단식을 경험하는 좋은 기회를 얻었다고 생각하기로 했다.

혼자서 근무하기를 5일이 지나면서 체력적으로 조금 힘들기도 했지만, 드디어 1주일을 버텨냈다. 언제나 새로운 경험은 나를 성장시키듯이 이번에도 1주일간의 단독 근무로 비상 상황에 대처하는 능력치가 증가하였고, 어떤 일이든 각오를 다지면 해낼 수 있다는 마음의 작용을 다시 한번 확인하는 계기가 되었다.

이 시기에 정부에서는 "오미크론의 특성을 고려한 방역체계 개편과 연령별 · 지역별 형평성 문제 등을 고려해 11종의 다중이용시설 전체에 대한 방역 패스 적용을 3월 1일부터 일시 중단한다."라고 발표했다.

또한, "오미크론 변이 확산에 따른 확진자 증가에도 치명률은 급감했지만, 자영업자 등의 피해는 커지고 있어 3월 5일부터는 영업시간을 23시까지로 연장한다."라고 발표했으며, 3월 21일부터는 사적 모임 인원도 6명에서 8명으로 늘어났다.

이렇게 방역 패스가 중단되었고, 영업시간은 23시까지로 연장되었으며, 사적 모임 인원도 8명까지 가능해짐에 따라 조금이나마 매출 증가에 대해 기대를 하게 되었다.

하지만 3월 1일에 일일 확진자가 처음으로 20만 명을 넘었고, 3월 8일에는 30만 명을 넘었으며, 3월 16일에는 역대 최다인 60만 명을 넘어서는 등 확진자가 폭증하여 코로나19는 유행의 정점을 향해 치달았다. 그리고 당연히 우리 매장의 매출액은 최하점을 향해 치닫고 있었다.

이러한 최악의 영업 환경 속에서 3월의 매출액은 코로나19 이전인 2019년 3월의 매출액보다 54% 감소하여, 5개월 연속 적자를 기록하였고 적자 금액도 5개월 연속으로 증가하였다. 이렇게 매출이 계속해서 하락해도 인건비를 더 줄일 수도 없어서, 이제는 적자를 그대로 떠안을 수밖에 없는 상황이다.

등산도 정상이 가까워질수록 가팔라서 힘든 것처럼, 코로나19도 정점을 향해가는 3월의 영업 환경이 가장 힘들다.

이렇게 상황이 어려워지면 몸도 마음도 힘들어질 수밖에 없지만, 그래도 그동안의 마음 챙김으로, 알아차림을 연습하고 또 연습하면서 어렵고 힘들지만 내가 어찌할 수 없는 일들은 개의치 않다 보니, 매출에 대한 조바심을 내려놓을 수 있었고, 지금까지 어려운 시간도 견뎌낼 수 있었다.

오미크론 유행이 정점을 지난 3월 말에는 확진자가 완만한 감소세를 보였고, 4월에는 뚜렷한 감소세로 전환되어 매출액도 조금이나마 나아지는 가운데 4월 18일부터는 마스크 착용 의무를 제외한 모든 거리두기 조치가 해제되었다. 무려 2년 1개월 만의 일이다. 4월 17일에 영업을 종료하고 '사회적 거리두기 좌석'이라는 표식을 제거하면서 그동안 참 애썼다고, 잘 견뎌냈다고 스스로 위로하고 격려했다.

표식을 제거하자 20명이 앉을 수 있는 좌석이 추가로 생겨서, 뿌듯한 마음이 들었고 매장 환경도 예전의 모습을 되찾았다.

이렇게 모든 거리두기 조치가 전면 해제되었지만, 정부에서는 앞으로도 신종 변이가 출현할 가능성이 있고, 시간 경과에 따른 접종 및 자연면역 효과 감소 등 재확산 위험요인이 그대로인 만큼, 강력한 신종 변이가 발생하면 언제든지 거리두기를 재도입한다는 방침이다.

이처럼 코로나19가 언제 끝날지는 여전히 불투명하고, 코로나19가 종식되면 코로나19 이전의 영업 실적을 회복할 수 있을지도 현재로서는 알 수가 없지만, 여태까지 해왔던 대로 나는 내가 어찌할 수 없는 일로 걱정하지는 않을 것이다.

언제나 나는 내가 할 수 있는 일에만 최선을 다할 뿐, 나머지는 '진인사대천명'이다.

아무리 좋은 말도 실천하지 않으면 의미가 없고,

어려우니까 도전해볼 가치가 있습니다.

오늘도 씩씩하게 앞으로 나아가는 당신을 응원합니다!

『당신 참 애썼다』 도서를 가지고 이디야커피 부평남부역점을
방문하시면 아메리카노(기본 사이즈) 1잔을 무료로 드립니다.

- 이벤트 장소 : 이디야커피 부평남부역점
- 이벤트 음료 : 아메리카노(기본 사이즈) 1잔
- 이벤트 기간 : 2022년 12월 31일까지

확인 도장